포항제철소 설립 초기 부지(포스코 제공)

'포항제철소 제1고로' 건설 항공사진(포스코 제공)　　　　　　　　　'포항제철소 제1고로' 전경(포스코 제공)

1973년 6월 9일, 첫 출선(出銑) 순간에 만세를 부르는 포항제철소 박태준 사장과 임직원들 (포스코 제공)

'경제 국보 1호'인 '포항 1고로' 종풍식(포스코 제공_Photo by Jin-seok, Kim)

'민족고로 1고로'의 역사적 종풍을 기념하며 (포스코 제공_Photo by Jin-seok, Kim)

고택 뒤편의 비보림
(裨補林)과 신라 시대
의 고분이 산처럼 보
이는 경주 교촌 최부
자댁 전경(경주최부자
아카데미 제공)

최부자댁이 위치한 경
주 교촌마을과 2018년
복원된 월정교(경주최부
자아카데미 제공)

현존하는 조선 시대
양반 가옥 곳간 중 가
장 규모가 큰 최부자
댁 곳간(경주최부자아카
데미 제공)

대문에서 바라본 작은
사랑채(2020년 복원)와
큰 사랑채(2006년 복원)
(경주최부자아카데미 제공)

안마당에 장독대와 굴
뚝이 보이는 최부자댁
안채(경주최부자아카데미
제공)

큰 사랑채 대청마루에서
본 후원의 모습(경주최부
자아카데미 제공)

문화콘텐츠로 묻고
스토리텔링으로 답하다

포스텍
융합문명연구원
문명과 담론
총서 03

경상북도 인문학 답사기
—포항·경주편

문화콘텐츠로 묻고

스토리텔링으로 답하다

노승욱

파이돈

차례

1부 — 새로운 경상북도로 들어가는 글　7

1. '경상북도 스토리텔링 하이웨이'를 개통하다　9
2. 지진 재난을 극복한 두 도시　18
3. 엔데믹 시대, 정신적 방역의 요충지　26
4. 글로컬 문화콘텐츠 어벤져스의 스토리텔링　32

2부 — 철의 도시에서 '경제국보 1호'가 답하다　39

: 포항의 산업문화콘텐츠 스토리텔링

1. 대한민국 경제국보 1호, 포항제철소 1고로　41
2. 포항제철소 1고로, 마이티 불Mighty Bull·火의 역사　48
3. 포항의 시그니처와 에펠탑 효과　56
4. 포스코의 굴뚝과 대나무 스토리텔링　66
5. 철강 영웅의 네버엔딩 스토리　76
6. 철, 뜨거운 스토리를 담아내다　88
7. 포항 1고로의 유무형적 가치와 활용 방안　94

3부 — 천년 고도의 땅에서 '최부자'가 답하다   105

: 경주의 역사문화콘텐츠 스토리텔링

1. 천년 고도, 노블레스 오블리주를 말하다   107

2. 가훈에 새겨진 최부잣집 부의 스토리텔링   117

3. 경주 교동 최부잣집의 명당 스토리텔링   130

4. 부의 사회적 환원으로 얻은 정신적 자산   138

5. 부의 철학에서 공존의 윤리를 찾다   145

6. 12대에 걸쳐 완성된 노블레스 오블리주 가문   151

7. 최부잣집 유산의 미래적 가치와 진화   158

4부 — 새로운 대한민국으로 나오는 글   165

: 우리나라의 과거와 미래, 안과 밖의 스토리텔링

참고문헌   172

1부

새로운 경상북도로
들어가는 글

1

'경상북도 스토리텔링 하이웨이'를 개통하다

본서는 '스토리텔링 하이웨이'라는 새로운 개념을 통해 경
상북도의 문화콘텐츠를 융합문명 시대에 걸맞은 '글로컬 문
화콘텐츠'로 재해석하여 제시하는 데 목적을 두고 있다. '스
토리텔링 하이웨이Storytelling Highway'는 필자가 착안하여 이 책
에서 처음으로 제시하는 개념이다. 이 개념은 지역에 산재하
는 문화콘텐츠를 창의적 스토리텔링을 통해 유기적으로 연
결함으로써 시너지 효과를 창출하고 글로컬 문화콘텐츠로
발전시킬 수 있는 프레임을 제공한다.

　'스토리텔링 하이웨이'를 통한 경상북도 문화콘텐츠의
재인식은 '글로벌global'[1]과 대비적 혹은 대타적으로 인식되고

있는 '로컬local'[2]의 의미를 글로벌과 창의적·역동적으로 소통하며 경쟁하는 '글로컬glocal'로 재해석하는 프레이밍 효과를 거둘 수 있다. 아무리 아름다운 별이라고 할지라도 별자리를 이루지 못하면 고립되어 존재할 수밖에 없다. '스토리텔링 하이웨이'는 점으로 존재하던 문화콘텐츠를 스토리텔링을 통해 선으로 연결하여 새로운 별자리와도 같은 문화콘텐츠 묶음을 만들어 낼 수 있다. 스토리텔링으로 만들어진 문화콘텐츠 별자리는 이야기의 궤적을 만들면서 공간적 실천 행위를 이끌어 낼 수 있다.[3]

글로벌한 세계는 다양한 로컬들의 중층적 조합이다. 그리고 그러한 로컬들의 로컬리티는 물리적 의미의 지역성만으로는 접근할 수 없는 복합적 함의로 구성되고 있다. 오늘날 글로벌화는 로컬의 컨텍스트가 되고, 로컬은 글로벌의 텍스트로 존재한다. 로컬이 일반적으로 지역을 뜻하고, 로컬리

1. 글로벌화는 '시민권의 전 지구적 확산'이라는 긍정적인 학술적 의미로 사용되었으나, 오늘날에는 국적 없는 자본, 기술 매체의 발달, 다문화 사회의 도래 등 다양한 양상으로 발현되고 있다. 이창남, 「글로벌 시대의 로컬리티 인문학-개념과 과제를 중심으로」, 『로컬리티 인문학』 창간호, 2009, 77쪽.
2. 로컬을 글로벌의 대타적인 개념으로 규정한다면, 로컬과 로컬리티의 의미는 다소 가변적이지만 중층적인 함의를 확보하게 된다. … 말하자면 로컬은 어떤 관계적 상황 속에 놓이는가에 따라 가변적으로 사용될 수 있는 말이다. 위의 책, 79쪽.
3. 여정(parcour)은 어떤 장소로 가는 길을 찾는 공간적 실천 행위라고 할 수 있다. 장세용, 「미셸 드 세르토의 공간이론」, 류지석 편, 『공간의 사유와 공간이론의 사회적 전유』, 소명출판, 2013, 59쪽.

티가 지역성으로 이해되기 때문에 로컬리티 연구는 지역학이라고 할 수 있지만, 지역학은 정치학, 역사학, 문화학 등의 방법론을 동원하여 연구를 수행하는 다학문적 영역이라고 할 수 있다.[4]

경상북도의 문화콘텐츠가 글로컬의 명칭과 의미를 획득하기 위해서는 개별적인 지역의 스토리텔링도 개발해야 하지만, 인접 지역과의 '스토리텔링 연대'도 동시에 꾀해야 한다. 포항, 경주, 안동, 청송을 새로운 관점에서 잇는 '경상북도 스토리텔링 하이웨이'가 개통되면 경상북도 지역은 글로컬 문화콘텐츠의 중심지로 거듭날 수 있는 새로운 추진력을 얻으며 시너지 효과를 창출할 수 있다.

지역 문화의 핵심적인 요소는 다른 지역의 문화와 차별화되면서 그 지역의 문화만이 독보적으로 가지고 있는 특수성이라고 할 수 있는데 이 특수성은 개별성을 고스란히 간직하고 있으면서도 일정한 범주 안에서 어디에나 통할 수 있는 보편성을 확보한 상태에서 형성된다. 여기에서는 독자적·독립적인 것을 기반으로 하는 개별성이 얼마나 넓은 보

---

4. 이정남, 「글로벌 시대의 로컬리티 인문학」, 부산대학교 한국민족문화연구소 편, 『로컬리티, 인문학의 새로운 지평』, 혜안, 2009, 122~123쪽.

편성을 확보하고 있느냐가 중요하다.[5]

　'경상북도 스토리텔링 하이웨이'는 경북의 대표적 네 지역의 개별성이 보편성으로 연결되면서, 다시 대한민국과 세계의 중심으로 연결되는 '글로컬 스토리텔링 하이웨이Glocal Storytelling Highway'의 기점起點, starting point이 될 수 있을 것이다.

　지금까지 지역의 문화콘텐츠 정책은 지역의 콘텐츠를 발굴하고 제작하는 데 방점이 찍혀 있었다. 관련 사업은 일부 향유자를 대상으로 하거나 단발적 제작 지원으로 끝나는 경향이 있었다. 그러다 보니 문화콘텐츠 향유자와 콘텐츠를 잇는 일은 사업비를 지원받은 기관과 운영 주체의 몫이 되었다.[6]

　'스토리텔링 하이웨이'는 지역의 문화콘텐츠를 향유자들이 적극적으로 발굴하고 제안할 수 있는 인문학적 관점과 안목을 제공함으로써, 지역의 문화콘텐츠 개발이 지속적으로 이루어지며 관광과 레저 산업의 활성화를 꾀할 수 있다는 장점이 있다. 필자가 2021년에 포항에서 기획하고 진행

---

5. 손종흠, 『지역문화와 문예콘텐츠』, 에피스테메, 2018, 222쪽.
6. 정혜경, 「지역문화콘텐츠 정책과 방향」, 홍순석·김호연·변민주·송미경·신호림·이기대·이승은·임수경·장예준·정제호·정혜경·최 영, 『지역문화와 콘텐츠』, 한국문화사, 2019, 5쪽.

했던 '포항의 길' 프로젝트는 '스토리텔링 하이웨이' 개념으로 총 24개의 새로운 로드 스토리텔링을 개발한 사례이다.[7]

본서의 제목은 '문화콘텐츠로 묻고 스토리텔링으로 답하다'이다. 제목을 이렇게 정한 이유는 스토리텔링을 통해 문화콘텐츠가 어떻게 재해석되고 재구성될 수 있는지를 보여주고자 했기 때문이다. 문화콘텐츠는 개인적·국가적으로 날마다 쌓여가면서 역사의 산을 만들고 문화의 강을 이룬다. 그런데 문화콘텐츠는 누군가가 이름을 붙여주고 의미를 해석해 주기 전까지는 땅속에 묻혀 있는 보석과도 같다. 스토리텔링을 통해 문화콘텐츠는 다이아몬드, 에메랄드, 사파이어 등으로 탄생할 수 있다. 원석으로 땅 밑에 존재하던 문화콘텐츠가 스토리텔링을 통해 비로소 본연의 정체성을 나타내게 되는 것이다.

7. 필자는 2021년 포항공과대학교에서 시민들을 대상으로 〈포항의 길〉 강좌를 개설했다. 총 6주 과정의 강좌에는 서명숙 제주올레 이사장을 비롯한 포항 내외의 전문가들이 강사로 참여했다. 이 강좌를 수강한 시민들은 각자의 경험을 활용해서 포항의 로드 스토리텔링을 발굴했는데, 이 결과는 전문가와 시민들이 함께 집필한 『포항의 길』로 출간되었다. 『포항의 길』에는 창업가의 길, 호미반도 해안 둘레길, 이육사의 길, 청하의 길, 포항 옛 철길, 괴동역 기찻길, 장기목장성 가는 길, 우암과 다산의 장기 유배길, 의인(醫人) 김종원의 길, 꿈틀로-우리들의 영원한 화양연화길, 덕동마을 숲길, 효리단길, 포항 철길숲, 지곡동 메타세쿼이아 가로수길, 지곡동 황톳길, 포항스틸아트로드, 대한민국 해병대의 길, 동빈바다길, 구룡포 광남서원길, 한수골 순례길, 청송대 감사 둘레길, 연오세오길, 포항 '강따라 해따라' 마라톤길, 형산강 둔치길 등이 스토리텔링 하이웨이로 연결되었다. 서명숙·노승욱 외 22인, 『포항의 길』, 글누림, 2021. 참조

그리고 '경상북도 인문학 답사기'라는 부제를 달았다. 역설적으로 들릴지 모르지만, 포항 혹은 경북을 중심으로 놓고 보면 필자는 '서울 촌놈'이다. 태어나서 자란 서울을 떠나 포항으로 이주했기 때문이다. 몇 년 전에 포항공과대학교에서 한림대학교로 자리를 옮기면서 지금은 춘천에서 살고 있지만, 필자는 햇수로 11년 동안 포항에서 살았다. 포항에 거주하면서 2016년의 9·12 경주 지진과 2017년의 11·15 포항 지진도 겪었다. 코로나-19 바이러스가 전 세계를 덮쳤을 때 눈에 보이지 않는 바이러스와 대치하면서 포항에서 시작된 낙동강 방역선을 함께 지켜냈다. 2017년부터 시작된 서울발 부동산 폭등과 그로 인한 '서울/지방'의 양극화를 이제는 지방 거주자로서 오롯이 느끼고 있다.

부제를 '경상북도 인문학 답사기'라고 붙인 것은 팬데믹과 엔데믹, 그리고 서울과 지방의 초양극화 등을 겪으면서 경상북도 지역을 인문학적 관점으로 다시 해석하고 싶었기 때문이다. 포항이 위치한 경북 지역은 '똘똘한 집 한 채'라는 프레임으로 인해 느닷없이 새로운 지역적 정체성을 체감해야 했다. '똘똘한 한 채' 프레임은 서울과 지방의 양극화를 촉진시키는 데 톡톡히 한몫했다. 그러나 서울, 특히 강남과 거리가 멀면 똘똘하지 못한 지역이 되는지 진지하게 따져 볼 필요가 있다.

산업화 초기인 1970년 7월 7일, 경부고속도로의 개통으로 서울과 어느 지역보다 가까워졌던 경상도 지역은 다른 지방의 부러움을 사는 곳이었다. 고속도로가 뚫리고 제조업 단지가 속속 입주했던 경상도는 기회의 땅이었다. 그런데 최근 전통적인 제조업이 위기를 맞으면서 경상도의 주요 산업 도시들은 실직, 인구 감소, 부동산값 하락 등의 아픔을 겪어야 했다. 서울발 부동산 폭등과 맞물린 시점에 언론들은 한국판 '러스트 벨트Rust Belt'라는 주제의 기사를 쏟아내며 우리나라 제조업 경기 침체에 대해서 보도하기 시작했다.[8]

'문화콘텐츠로 묻고 스토리텔링으로 답하다: 경상북도 인문학 답사기'는 서울(중앙)과 지역(지방)의 양극화가 더욱 심해지고 있는 작금의 상황에서 필자가 인문학적 상상과 고민을 통해 찾아내고자 한 새로운 출구로서의 의미가 있다. 땅의 가치가 서울의 강남을 중심으로 평가되고 있는 경제적

---

8. '한국판 러스트 벨트'로 불리는 지역은 포항, 울산, 거제, 통영, 창원 등의 동남권뿐 아니라 군산, 목포, 영암, 해남 등의 서남권까지 이르고 있다. 이들 지역은 구조 조정의 바람이 불며 생산과 소비가 금융 위기 이후 최악의 상태에 빠졌고 인구 '엑소더스(대탈출)' 현상까지 나타나고 있다. 차완용, 「현실이 된 '한국판 러스트 벨트'… "동·서남권이 흔들린다"」, 『한경비즈니스』, 2018. 10. 23.

관점에서 보면 경북 지역은 서울의 강남과는 확실히 멀리 떨어진 곳이다. 그렇지만 인문학적 관점에서 보자면, 경북은 산업과 역사, 문화, 관광, 레저, 생태, 환경 등이 균형 있게 어우러진, 여전히 '똘똘한 지역'이다.

필자는 경상북도의 네 지역을 글로컬 문화콘텐츠 스토리텔링의 구체적 사례로 제시하고자 했다. 본서는 그중 1편에 해당하는 '포항·경주'의 내용을 담고 있다. 2편에 해당하는 '안동·청송'은 안동의 임청각 복원이 완료되는 시점에 『문화콘텐츠로 묻고 스토리텔링으로 답하다: 경상북도 인문학 답사기 2』에서 선보일 예정이다. 경상북도라는 큰 지역의 문화콘텐츠 스토리텔링을 한 권의 책으로 담기에는 방대해서 두 권으로 나누게 되었다. 경상북도 남부 권역인 포항·경주의 문화콘텐츠 스토리텔링과 북부 권역인 안동·청송의 문화콘텐츠 스토리텔링을 비교해서 읽는 것은 경상북도에 거주하는 도민뿐 아니라 전국의 독자들에게 즐거움을 선사하리라고 생각한다.

포항의 '산업문화콘텐츠'와 경주의 '역사문화콘텐츠'는 한국 역사의 '현재'와 '과거'를 이어주는 스토리텔링을 통해 우리나라의 '미래'를 전망하게 해 준다. 안동의 '정신문화콘텐츠'와 청송의 '자연문화콘텐츠'는 우리 국민의 '안'과 '밖'을 유기체적으로 이어주는 스토리텔링을 통해 한국인의 '정체성'을 확인시켜 준다. 경상북도 지역 중에 포항, 경주, 안동, 청송을 선정한 것은 이 네 지역이 우리나라의 현재와 과거를 잇는 역사성과 함께 안과 밖을 표상하는 상징성을 갖고 있기 때문이다.

현재와 과거의 연속성, 안과 밖의 유기체적 상징성을 방법론으로 하는 스토리텔링을 통해 경북의 주요 네 지역인 포항과 경주, 안동과 청송은 '스토리텔링 하이웨이'로 새롭게 연결될 수 있다. 경부고속도로 개통 55주년에 즈음해서 인문학적 상상력으로 '경상북도 스토리텔링 하이웨이'를 새롭게 구축하고자 한 것도 이 책의 기획 의도 중 하나이다. 경상북도 스토리텔링 하이웨이는 새로운 문화콘텐츠 기획 플랫폼으로 작용하면서 우리나라의 다른 지역, 더 나아가서 해외의 여러 지역에도 응용될 수 있을 것이다.

2

지진 재난을 극복한 두 도시

필자는 고등학교 시절 경주로 수학여행을 간 적이 있었다. 경주에서 3박 4일을 머무는 동안 같은 나라지만 매우 색다른 정취를 느꼈다. 한창 감수성이 예민한 고등학교 1학년 시절에 방문했던 경주는 일상에서 잠시 비켜 있는 공간처럼 여겨졌다. 3박 4일의 일정을 마치고 상경하는 날, 포항제철소 견학과 송도 해수욕장 방문 일정이 잡혀 있었다. 당시 포항제철소는 우리나라 산업화의 상징처럼 여겨지던 곳이다. 경주에서 3일을 머무르면서 과거로의 시간 여행을 떠났던 필자는 포항제철소에 도착하면서 다시 현재로 소환되어 우리나라 산업 발전의 현주소를 확인했다. 요새는 '경주-포항'

이 수학여행 패키지가 아니겠지만, 새로운 콘셉트로 '포항 – 경주'의 지역 간 연대를 꾀할 필요가 있다.

근래 들어 포항과 경주, 울산이 '해오름동맹' 도시로 연대하고 있다. 해오름동맹은 2016년 6월, '울산 – 경주 – 포항' 간 고속도로의 개통을 계기로 이들 3개 도시가 인구 200만 명, 경제 규모 95조의 메가시티^{megacity}로의 도약을 기대하면서 맺은 동맹이다.[9] 포항시와 경주시, 울산시가 구성한 해오름동맹은 각종 경제협력사업 추진을 본격 논의하며 경제 통합에 속도를 내고 있다.

최근에는 울산·포항·경주의 '해오름산업벨트'를 지원하는 특별법이 발의되었다. 이 법안은 에너지산업 지원, 개발제한구역 해제 등 다양한 특례 조항을 담고 있다. 해오름동맹은 2016년 6월 울산~포항고속도로 개통을 계기로 하나

---

9. 지난해 11월 '새로운 천년, 찬란한 동맹'이란 슬로건과 함께 해오름동맹 협의회를 개최하고 상생협력의 구체적인 로드맵과 사업을 발굴하기로 한 후, 2024년 도시발전 시행계획을 공동으로 수립하고 핵심 선도 프로젝트 10건을 발굴했다. 해오름동맹은 사무국 설치와 함께 본격적으로 공동협력 사업을 추진하고 있다. 울산·포항·경주는 산업의 전후방 효과는 어느 지역보다 두텁게 연관되어 있다. 포항의 소재산업과 경주의 부품산업은 울산의 자동차, 조선, 화학이란 전방산업과 긴밀히 협력을 해왔다. 해오름동맹의 울산·포항은 우리나라의 대표적인 이차전지 앵커기업들이 소재하고 있어 작년에 이차전지 국가 첨단전략산업 특화단지로 선정되었다. 내연기관에서 전기차로 급변하는 미래 자동차산업은 울산·포항·경주를 더욱 긴밀하게 묶어 줄 것으로 기대하고 있다. 임현철, 「[기고] 울산·포항·경주, 해오름동맹」, 『경상일보』, 2024. 7. 9.

의 생활권역으로 묶인 세 개 도시가 공동 발전을 위해 결성한 행정협의체다. 세 도시는 단일 경제권 성장을 위해 2차 전지 글로벌 중심지 조성, 차세대 원전산업 선도 프로젝트 추진 등을 해오름동맹 협력사업으로 공동 추진하고 있다.[10]

'해오름'이라는 명칭은 포항의 호미곶, 울산의 간절곶, 경주의 문무대왕암 등 일출 명소의 공통점을 아우른 것으로 생각할 수 있다. 특히 호미곶과 간절곶은 우리나라에서 해가 가장 먼저 뜨는 지역으로 유명해서 새해 첫날에는 북새통을 이루는 곳이다. 해오름동맹이 수사적인 표현으로 그치지 않기 위해서는 스토리텔링의 연대에도 심혈을 기울여야 한다. 인근 도시들 간에 스토리텔링 라인이 확고하게 형성되어 있지 않으면, 자칫 '따로국밥'이 될 수도 있기 때문이다.

경북의 남부 권역에 속해 있는 포항과 경주는 인접한 도시로 최근 지진으로 인한 고통을 함께 겪기도 했다. 포항과 경주는 지진이라는 큰 위기를 함께 극복한 도시라는 스토리텔링을 공유할 수 있다. 이러한 스토리텔링을 통해 '지진 재

---

10. 울산 중구 출신 박성민 국민의힘 의원은 울산·포항·경주의 '해오름산업벨트'를 지원하는 특별법을 대표 발의했다. 박 의원은 "울산·포항·경주의 미래 먹거리를 공동 개발해 단일 경제권으로 도약하고자 하는 해오름동맹 지자체의 의견을 적극 반영했다"라고 설명했다. 하인식, 「경제로 뭉치는 울산·포항·경주…'해오름산업벨트' 지원법 발의」, 『한국경제』, 2024. 9. 19.

난 극복 도시 동맹'으로 함께할 수 있을 것이다. 경주와 포항은 재난 극복이라는 공통의 기억을 갖고 있다. 현재가 소환하는 과거의 의미는 장소가 갖는 의미와 묶여 있게 마련이다. 기억 역시 마찬가지로 장소와 위치에 묶여 있는데,[11] 포항과 경주는 인접 도시로서 지진이라는 어려움을 함께 극복하며 장소에 대한 동일한 기억을 갖고 있다. 장소의 인접성으로부터 말미암은 기억과 감정의 유사성은 두 도시 간에 강한 유대감을 형성하게 할 수 있다.

경주와 포항이 예전에 수학여행 패키지로 각광받을 수 있었던 이유는 경주가 '과거'의 찬란했던 역사적 문화유산을 보여주고, 포항이 '현재'의 경제적 위상을 포항제철소를 통해 느끼게 해 주었기 때문이다. 단순한 듯 보이나, 경주와 포항의 당시 '수학여행 동맹'은 환상의 복식조와도 같은 '케미'를 연출했다. 인접한 지역을 오가며 우리나라의 '과거와 현재'를 한눈에 볼 수 있었기에 최고의 패키지 수학여행지로 한동안 군림할 수 있었던 것이다.

4차 산업혁명 시대가 도래한 지금, 예전의 스토리텔링

---

11. 제프 말파스(Jeff Malpas), 김지혜 옮김, 『장소와 경험』, 에코리브르, 2014, 236쪽.

콘셉트로는 환상의 복식조를 부활시키기에 역부족일 수 있다. 이제는 새로운 스토리텔링이 개발되어야 한다. 그중 하나가 지진을 극복한 두 도시의 이야기를 함께 만들어가는 것이다. 지진과 관련된 연구소, 박물관, 체험관 등을 건립하고 지진을 소재나 주제로 한 소설, 영화 등 창작 스토리 등을 두 도시 간 협약으로 지원할 수도 있을 것이다.

두 번째는 시대적 요청으로 새롭게 주목하게 되는 스토리텔링의 개발이다. 포항의 경우, 산업과 생태 환경이 조화를 이룬 도시, 제철보국에서 기업시민과 지속가능경영으로 성숙하고 있는 기업의 이미지를 보다 강화할 필요가 있다. 경주의 경우, 부의 양극화가 갈수록 심해지는 상황에서 경주 최부잣집 가문이 보여주었던 부자들의 노블레스 오블리주 스토리텔링을 업그레이드 버전으로 만들어서 강조할 필요가 있다. 자연 재난을 극복한 두 도시가 시대적 요청에 화답하는 과거와 현재의 모습을 담아 낸다면, 포항과 경주는 역주행의 인기를 얻으면서 환상의 복식조로 부활할 수 있을 것이다.

본서에서는 '포스코 포항제철소 제1고로'가 갖는 산업문화콘텐츠로서의 가치를 높이 평가하면서, 그에 걸맞은 포항의 산업문화콘텐츠 스토리텔링을 제안하고자 한다. 또한, 경주에 있는 최부잣집 가문의 스토리텔링이 지금의 시대가 필요로 하는 역사문화콘텐츠로서의 가치를 어떻게 구현하고 있는가를 집중적으로 조명하고자 한다. 포스코 포항제철소 제1고로로부터 경주 교동의 최부잣집 고택까지는 자동차로 40분 정도면 이동이 가능하다. 자동차로 이동했을 때는 약 30km 정도의 거리지만, 실제 직선거리로는 약 25km 정도이니 매우 가깝다고 할 수 있다. 40분 만에 우리나라의 과거와 현재를 상징하는 문화콘텐츠에 대한 업그레이드된 스토리텔링을 타임 슬립하듯이 접할 수 있는 것이다.

포항과 경주를 연결하는 새로운 스토리텔링의 핵심은 '재난 극복'과 '산업과 문화의 융합'이라는 주제로 압축될 수 있다. 지진은 두 도시가 직면했던 공통된 위기였으며, 이 위기를 극복해 낸 과정에서 두 도시는 더욱 강해졌다. 이러한 재난 극복의 이야기는 단순한 지역적 사건으로 그치지 않고, 전 세계적으로도 큰 의미를 지닐 수 있다. 자연재해와 같은 위기에 대한 대처와 복구는 세계 여러 도시가 직면한 문제이며, 이를 성공적으로 극복한 사례는 다른 도시들에도 귀감이 될 수 있다. 포항과 경주는 이러한 재난 극복 스토리텔링을 글로컬 문화콘텐츠로 발전시킬 수 있는 도시들이다.

이러한 재난 극복 스토리텔링은 교육적·체험적 요소와 결합하여 더욱 강력한 문화콘텐츠로 자리 잡을 수 있다. 포항과 경주에 지진 박물관과 체험관을 설립하여 방문객들이 지진의 발생 원리와 대처 방법을 직접 체험할 수 있도록 한다면, 단순한 재난 기억의 공간을 넘어 미래의 재난 대비 교육의 장으로도 기능할 수 있다. 이와 함께, 두 도시는 재난 복구 과정에서의 협력과 상생의 이야기를 강조하며, 지역사회와 국가적 차원의 연대가 얼마나 중요한지를 강조하는 메시지를 전달할 수 있다. 이러한 교육적 콘텐츠는 미래 세대에게 중요한 의미와 가치를 전수할 수 있다.

더 나아가, 포항과 경주의 스토리텔링은 과거의 역사와 현재의 산업을 조화롭게 연결하는 방식으로 확장될 수 있다. 경주 최부잣집 가문의 노블레스 오블리주 정신은 현대 사회가 요구하는 부자의 윤리적 덕목으로 재해석될 수 있다. 이는 포스코가 최근 강조하고 있는 '기업시민'의 가치와도 일맥상통한다. 두 도시는 역사와 산업의 측면에서 윤리적 책임 실천이라는 공통된 메시지를 전하고 있기에, 이를 통합하여 포항과 경주의 스토리텔링을 강화할 수 있다. 이러한 통합적 스토리텔링은 국내외 관광객에게도 강렬한 인상을 남길 수 있다.

　포항과 경주가 지진 극복과 산업 및 문화의 조화라는 스토리텔링을 바탕으로 공동의 문화콘텐츠를 개발하는 것은 두 도시 간의 연대를 더욱 공고히 할 수 있는 중요한 기회이다. 두 도시를 연결하는 새로운 관광 코스 개발은 두 지역의 경제 활성화에도 기여할 수 있을 것이다. 두 도시 간의 교류가 활성화되면 두 지역의 고유한 문화와 산업적 특성이 더욱 개성적으로 부각될 수 있다. 포항과 경주의 지진 극복 연대는 도시 간 협력 차원에서 더욱 나아가, 대한민국의 과거와 미래를 이어 주는 강력한 스토리텔링으로 자리 잡을 수 있을 것이다.

3

엔데믹 시대, 정신적 방역의 요충지

본서에서는 다루고 있지 않지만, '경상북도 인문학 답사기 2'에서 다루고자 하는 또 다른 두 지역은 경북의 북부 권역에 속해 있는 안동과 청송이다. 안동과 청송은 정신문화콘텐츠와 자연문화콘텐츠가 유기체의 안과 밖처럼 맞닿아 있는 인접 지역이다. 흥미로운 것은 경주에서 포항, 청송을 거쳐서 안동까지 길이 이어지고 있다는 것이다. 필자가 이름 붙인 '경상북도 스토리텔링 하이웨이'가 지리적으로도 경북의 남부 권역인 포항과 경주에서 북부 권역인 안동과 청송으로 이어지고 있는 셈이다. 스토리텔링 하이웨이를 통해 경상북도의 남북은 하나의 선으로 자연스럽게 연결되고 있다. 3박

4일의 일정이면 포항, 경주, 안동, 청송 등을 모두 둘러보면서 경상북도 인문학 답사기를 독자들도 써볼 수 있다.

안동은 이른바 '정신문화의 수도'로 불린다. 서울이 대한민국의 행정 수도라면, 안동은 대한민국의 정신문화를 상징하는 수도라는 것인데, 서울 중심의 부동산 폭등을 경험하고 있는 시기에 묘한 대비감, 혹은 긴장감이 형성된다. 필자는 처음에 안동을 방문하고 '한국 정신문화의 수도 안동'이라는 글귀를 보았을 때 단순한 수사적 표현으로만 느껴지지 않았다. 안동에 머무는 동안 '정신문화의 수도'라는 모토는 일종의 프레임으로 작용하면서 안동의 여러 문화콘텐츠들을 재해석하게 했다. 정신문화의 수도로서 안동의 문화콘텐츠가 무엇인지에 대한 문제의식은 '임청각臨淸閣'의 새로운 발견으로 이어졌다.

고성 이씨固城 李氏 종택이면서 보물 제182호로 지정된 임청각은 임시정부 초대 국무령(임시정부 2차 개헌 때의 국가수반)을 지냈던 석주 이상룡石洲 李相龍 선생의 생가이다. 이상룡 선생은 부유한 집안에서 태어난 종손이었지만, 조상 대대로 물려받은 전답을 처분해 독립운동 자금을 만들고 온 가족을 데리고 만주로 이주해 독립운동에 헌신했다. 이상룡 선생은 지식인의 노블레스 오블리주를 몸소 실천했던 지도자의 표상이었다. 일제는 우리 민족의 정기를 끊기 위해 임청각의 마당을 가로질러서 중앙선中央線 철도를 놓았다. 그렇지만 임청각의 옛 마당 자리를 관통하고 있는 철로는 오히려 독립 정신의 상징적 스토리텔링이 되고 있다. 99칸으로 지어졌던 임청각은 일제강점기 중앙선 철도 부설로 현재는 60여 칸만 남아 있는데, 우리 정부는 2025년까지 임청각을 복원하기로 결정하고 중앙선 철도의 노선도 바꾸기로 했다. 임청각의 훼손 및 복원과 관련된 스토리텔링은 우리 국민이 내면적 정체성을 확인하고 민족적 자긍심을 높이는 데 크게 기여하고 있다.

일제에 의해 원형이 훼손된 임청각을 복원하는 사업이 광복 80주년인 올해 2025년에 완공된다. 임청각 복원 사업은 대한민국 임시정부 수립 100주년인 2019년 시작됐다. 총사업비 280억 원을 들여 가옥 2동을 복원하고 철도 개설로 훼손된 임청각 주변 지형과 수목을 재정비하고 있다. 또 임청각 진입부에는 임청각 역사문화공유관도 건립될 예정이다.

임청각은 1519년 형조좌랑을 지냈던 이명李洺이 지었다. 임청각은 "동쪽 언덕에 올라 길게 휘파람을 불고 맑은 시냇

가에서 시를 짓는다 登東皐以舒嘯 臨淸流而賦詩"는 중국 시인 도연명의 시구에서 유래한 이름이다. 본래 99칸 저택이었던 임청각은 '불령선인不逞鮮人'의 집이라는 이유로 일제가 일부러 철길을 놓고 원형을 훼손했다.[12] 집 한가운데 철길이 깔리는 탓에 50여 칸이 허물어지는 비극을 겪었던 임청각이 광복 80주년을 맞아 복원되는 것은 매우 뜻깊은 일이다.

'문화콘텐츠로 묻고 스토리텔링으로 답하다'의 대미를 장식하게 될 지역은 청송이다. 국제슬로시티, 유네스코 세계지질공원 등으로 지정된 청송은 세계가 보호하고 있는 그린벨트greenbelt와도 같다. 자연문화콘텐츠 중심지로서 청송이 갖고 있는 장점은 지금까지 알려진 스토리텔링보다 앞으로 만들어질 스토리텔링이 많다는 것이다. 청송에는 폐교를 증개축해서 만들어진 객주문학관이 있는데, 이곳에서 청송 출신의 대표적 작가 김주영金周榮의 문학 세계를 접할 수 있다. 객주문학관에서는 김주영 작가를 비롯한 여러 작가들이 상주하면서 작품 활동을 하고 있다. 청송이 스토리의 생산 기지 역할을 하고 있는 셈이다.

12. 김정석, 「철로 걷어낸 임청각, 완전 복원 눈앞」, 『중앙일보』, 2024. 8. 16.

필자는 우리나라 모든 국민이 스토리의 생산자가 될 수 있는 곳이 청송이라고 말하고 싶다. 4차 산업혁명 시대의 속도와 경쟁에 지친 현대인들에게 청송은 자신의 삶을 복기하고 에너지를 충전해서 새롭게 리셋할 수 있게 해주는 곳이다. 필자는 청송을 다녀간 이들이 각자의 '청송기행靑松紀行'을 만들어 내는 스토리텔러가 될 수 있다고 제안한다. 필자는 이 책을 통해서 청송군에 〈청송기행 문학제〉를 기획해 볼 것을 제안하고 싶다. 청송을 찾은 이들이 청송에 머물면서 느낀 '삶의 리셋 체험'이 기행문학으로 만들어진다면, 청송은 도시 전체가 '스토리 공작소'가 될 것이다.

　　또한 필자는 청송을 '작전상 후퇴지'로 지칭하고 싶다. 이는 주왕산에 전해져 내려오는 스토리텔링을 필자가 새롭게 해석한 것이다. 석병산石屛山, 혹은 대둔산大遯山으로 불렸던 주왕산이 현재의 이름을 갖게 된 것은 중국의 주나라 왕과 관련된 전설 때문이다. 주왕산周王山은 주나라의 왕이 당나라의 수도였던 장안으로 쳐들어갔다가 패하고 숨어들었던 곳이라고 해서 현재의 이름을 갖게 됐다. 당나라의 요청을 받은 신라는 마일성 장군 5형제를 토벌대로 보냈는데, 당시 주왕이 흘린 피로 인해 주왕산 물가에는 붉고 아름다운 수달래(산철쭉)가 매년 피고 있다고 한다. 청송을 방문한 이들은 주왕산이 들려주는 슬픈 전설을 들으면서 자신들이 겪었던 힘들고 아팠던 이야기들을 쏟아놓을 수 있다. 몸과 마음을 힐링하기 위해 청송을 작전상 후퇴지로 삼았던 이들은 자신만의 스토리텔링을 만들어 내면서 다시 각자의 자리로 돌아갈 수 있을 것이다.

포항과 경주가 지진이라는 자연 재난을 극복한 도시로서의 새로운 스토리텔링 연대를 꾀할 수 있듯이, 국가의 고난을 민족정신으로 극복한 대한민국 정신문화의 수도 안동과 문명의 시곗바늘 속도를 잠시 늦추어 놓은 국제슬로시티·유네스코세계지질공원 청송이 함께 연대한다면, 문명사적 대전환기에 처한 대한민국에 새로운 이정표를 제시할 수 있지 않을까? 두 지역이 사상 초유의 팬데믹으로 인해 마음의 트라우마를 겪었던 우리 국민의 정신적·심리적 방역의 요충지로 새롭게 자리매김할 수 있는 스토리텔링 연대를 이루기 바란다. 코로나-19 바이러스 확산 초기에 K-방역의 교두보로서 눈에 보이지 않는 바이러스와 치열하게 싸웠던 곳이 바로 경북 지역이었음을 다시금 상기해 볼 필요가 있다.

4

글로컬 문화콘텐츠 어벤져스의 스토리텔링

문화콘텐츠는 문화文化, culture와 콘텐츠contents가 결합한 말이다. 문화콘텐츠라는 말은 현대적인 문화 산업의 기반을 뜻한다. 유네스코의 정의에 따르면 광의의 문화란 "어떤 사회나 집단의 성격을 나타내는 독특한 영적·물질적·지적·정서적 특징들의 총체적인 복합체라고 할 수 있다. 그것은 예술과 문자뿐만 아니라 삶의 양식, 인간의 기본권, 가치체계, 전통, 믿음을 포함한다"고 볼 수 있다.[13]

　문화콘텐츠는 이러한 광의의 문화 개념을 현대적 기술과

---

13. 정경일·류철호, 『지역문화와 문화콘텐츠』, 글누림, 2017, 37~38쪽.

결합하여 다양한 형식으로 표현하는 방식을 말한다. 이는 단순한 문화적 요소의 재현을 넘어, 기술적 매체를 통해 새롭게 창조되고 변형된 문화적 경험을 제공한다. 예술과 문학, 전통과 생활양식이 디지털화되어 영화, 드라마, 게임, 웹툰, 가상현실VR과 같은 다양한 형태의 콘텐츠로 변모하는 과정에서, 문화는 고정된 것이 아니라 끊임없이 재해석되고 확장되는 동적인 개념으로 자리 잡는다. 이와 같은 맥락에서 문화콘텐츠는 과거의 전통과 미래의 가능성을 잇는 매개체 역할을 한다.

글로컬glocal 문화콘텐츠의 개념은 이러한 변화 속에서 특히 주목받고 있다. '글로컬리제이션glocalization'은 세계화와 지역화가 동시에 이루어지는 현상을 의미한다. 글로컬 문화콘텐츠는 지역의 고유한 문화적 자산을 전 세계로 확장하면서도, 그 과정에서 지역성을 잃지 않도록 유지하는 복합적 전략을 필요로 한다. 이는 글로벌 시장에서 경쟁력을 갖추기 위해서도 중요한 요소다. 지역 고유의 문화적 자산이 보편적인 가치를 가지면서도, 그 자체의 독특함을 잃지 않는 스토리텔링은 문화콘텐츠 산업의 핵심 과제라고 할 수 있다.

스토리텔링은 이러한 글로컬 문화콘텐츠를 성공적으로

확장하는 데 핵심적인 역할을 한다. 이야기는 문화의 정수이자, 사람들에게 감정적·지적 공감을 불러일으키는 중요한 수단이다. 전통적 이야기를 현대적 감각으로 재해석하거나, 지역의 특색을 담아 전 세계인이 이해하고 공감할 수 있는 콘텐츠로 만드는 과정에서 스토리텔링은 매우 중요하다. 한편, 글로벌 시장에서 통할 수 있는 스토리텔링을 만들어내기 위해서는 문화적 보편성과 지역적 특수성 간의 균형을 잡는 것이 필수적이다. 이를 통해 로컬 스토리는 글로벌 공감을 얻고, 다시 로컬의 가치를 강화할 수 있다.

글로컬 문화콘텐츠의 성공 사례로는 한국의 K-팝, K-드라마, K-영화 등을 들 수 있다. K-팝은 한국어라는 언어적 장벽을 넘어서 글로벌 팬덤을 형성했으며, 이는 한국의 고유한 문화를 음악과 영상미, 서사 구조에 담아낸 결과다. 드라마와 영화 역시 지역적 특성을 기반으로 한 독특한 서사와 감성을 담아내어 전 세계적으로 인기를 끌고 있다.

문화콘텐츠의 글로컬화는 단순히 문화의 상업적 소비를 넘어 문화적 교류와 이해를 촉진하는 역할을 한다. 이를 통해 지역 문화는 글로벌 무대에서 자리를 잡으면서도, 상호 교류와 협력을 통해 새로운 문화적 의미를 창출할 수 있다.

디지털 시대의 플랫폼들은 이러한 교류를 더욱 가속화시키고 있으며, 세계 각지의 사람들이 서로 다른 문화를 쉽게 접하고 이해할 수 있는 환경을 제공한다.

그러나 글로컬 문화콘텐츠의 확장은 동시에 도전 과제를 동반한다. 지역 문화가 글로벌 시장에 맞추어 변형되는 과정에서 정체성의 왜곡이나 희석이 발생할 수 있으며, 이는 지역 문화의 고유한 가치를 상실하게 만들 수 있다. 따라서 문화콘텐츠 제작자들은 글로벌 성공을 추구하면서도, 지역적 정체성을 지키기 위한 세심함을 가져야 한다. 지역성과 보편성을 함께 아우르는 균형 잡힌 시각은 스토리텔링의 힘을 더욱 강하게 할 수 있다.

글로컬 문화콘텐츠의 성공적인 스토리텔링은 단지 콘텐츠 산업의 성장에 그치지 않고, 문화적 정체성을 보존하고 확장하는 중요한 역할을 한다. 전 세계인이 지역 문화를 이해하고 공감할 수 있도록 만드는 문화콘텐츠는 현대 사회에서 지역과 세계를 잇는 중요한 가교 역할을 하고 있다. 결국 문화콘텐츠는 과거와 미래, 지역과 세계를 연결하며, 사람들 사이의 이해와 교류를 촉진하는 문화적 중개자라고 할 수 있다.

대한민국 산업화의 상징으로 경제국보 1호로 불리는 포스코 포항제철소 제1고로, 모든 것이 양극화되는 시대에 부자의 노블레스 오블리주의 본을 보여주고 있는 천년 고도 경주의 최부잣집 고택, 국가와 민족에 대한 지식인의 노블레스 오블리주의 정신을 나타내고 있는 대한민국 초대 국무령 이상룡 선생의 생가인 임청각, 사상 초유의 팬데믹을 겪으며 정신적·심리적 방역이 절실한 현대인에게 새로운 차원의 쉼과 치유를 제공해 주고 있는 청송의 주왕산 등은 스토리텔링 하이웨이를 통해 만날 수 있는 경상북도의 대표적인 문화콘텐츠들이다.

　　필자가 소개하고자 하는 네 가지 문화콘텐츠들에는 경북의 네 도시를 글로컬 문화콘텐츠 어벤져스로 탈바꿈시켜 줄 수 있는 DNA가 내재되어 있다. 문화콘텐츠는 시대적 상황, 역사적 맥락에 따라 새롭게 해석될 수 있다. 팬데믹을 겪은 포스트 코로나 시대에 어떠한 로컬 문화콘텐츠가 두 날개를 달고 글로컬 문화콘텐츠로 비상할 수 있을까. 그것은 전 세계가 당면한 문제의 해결책을 제시할 수 있는 스토리텔링으로 거듭난 문화콘텐츠들이 아닐까 생각해 본다. 그래서 우리는 문화콘텐츠로 묻고 스토리텔링으로 답하는 과정을 멈추어서는 안 되는 것이다.

경북 지역의 네 도시인 포항, 경주, 안동, 청송이 글로컬 문화콘텐츠 지역으로 인정받기 위해서는 '경상북도 스토리텔링 하이웨이'로 연결되는 새로운 네트워크를 구축해야 한다. 경북의 네 지역이 스토리텔링을 통해 유기체적으로 연결될 때 서울을 비롯한 다른 도시들과 새로운 방식으로 소통하며 경쟁할 수 있다. 또한, 세계의 문화콘텐츠 중심지들과도 교류하면서 자웅을 겨룰 수 있을 것이다. 문명사적 전환기에 대한민국의 새로운 가능성을 보여주는 매력적이고 힘찬 스토리텔링을 경북의 네 도시가 함께 만들어 나가기를 바란다.

2부

철의 도시에서
'경제국보 1호'가 답하다

: 포항의 산업문화콘텐츠 스토리텔링

1

대한민국 경제국보 1호, 포항제철소 1고로

대한민국의 국보 1호는 서울의 숭례문崇禮門이다. 국보 1호는 그 상징적 가치가 크다. 국보의 순서는 관리를 위해 번호를 매긴 것일 뿐 특별한 의미는 없다고 알려져 있다. 즉 국보 1호가 그다음 순서의 국보보다 더 큰 가치가 있지 않다는 것이다. 그렇지만 순서 프레임의 영향으로 인해 국보 1호에는 상징적인 가치가 부여되는 경향이 있다. 그러다 보니 숭례문이 2008년에 방화로 소실되었을 때 국민들은 큰 충격을 받았다. 2013년에 최고의 장인들이 참여해서 전통 기법에 따라 숭례문을 복원했을 때는 뭉클한 감격에 젖기도 했다. 국보 1호를 국보 70호인 훈민정음으로 교체해야 한다는 주장이 청와대 국민청원 게시판에 올라온 적이 있었는데,[14] 그만큼 '국보 1호'의 상징성은 크다고 할 수 있다.

그렇다면, 대한민국 '경제국보 1호'라는 말을 들어본 적이 있는가? 중앙일보사에서는 2011년 신년기획의 일환으로 대한민국의 경제국보를 선정해서 발표한 적이 있었다. 경제·산업 전문가 55명으로 구성된 자문위원단은 경제국보 후보군을 일차적으로 추렸다. 그리고 현장 확인을 통해 경제국보로서의 가치와 의미를 확인한 후에 최종적으로 경제국보를 선정했다. 중앙일보사는 건국 60여 년 동안 변변한 공장 하나 없던 변방의 국가가 초일류 상품을 쏟아 내는 지구촌 경제의 신흥 파워로 성장하기까지 결정적으로 기여한 유무형의 경제적·산업적 유산을 대한민국 경제국보로 선정하면서 경제국보 제1호로 '포항제철소 1고로'를 최종 선정했다.[15]

---

14. 김민지, 「"한글, 가장 과학적인 문자 … 국격 높이는 일"」, 『농민신문』, 2019. 8. 5.

15. 경제 및 산업전문가들로 구성된 자문위원단은 포항 1고로가 1973년 6월 9일 준공한 후 지금까지 누계첫물 4,360만여 톤을 생산하여 우리나라가 세계 4위의 철강 대국이 된 출발점이자 세계 10위권의 경제대국으로 성장하는 데 발판을 마련했다고 밝혔다. 특히 조선, 자동차, 가전 등의 성장을 뒷받침하여 우리나라의 산업화를 이끌어 왔으며 외국보다 싼 값에 철을 만들어 산업계에 공급함으로써 국가경쟁력을 키우는 데 크게 기여했다고 평가했다. 또한, 포항 제1고로는 '하면 된다'는 정신으로 무에서 유를 창조해 낸 상징물로서 큰 가치를 지니고 있다고 밝혔다. 우리나라 최초의 용광로인 포항 제1고로는 1973년 6월 9일 첫 첫물을 생산했으며 한국철강협회는 이날을 철의 날로 제정해 기념하고 있다. 한편 대한민국 경제국보 2호로는 현대자동차의 '포니'가 결정되었고, 경제국보 3호는 삼성전자의 반도체 '64KD램'이 선정되었다. 정한호, 「우리나라 경제국보」, 『청도신문』, 2011. 5. 26

경제국보 1호는 대한민국의 산업문화콘텐츠로서 매우 중요한 상징적 의미가 있다. 숭례문이 역사 문화재로서 국보 1호로 불리고 있다면, 포스코 포항제철소 제1고로[16]는 산업 문화재로서 경제국보 1호로 불리기 시작한 것이다. 한 언론사에서 전문가의 심의와 기자의 취재를 통해 선정한 경제국보 1호라는 타이틀이었지만, 포항이나 포스코의 입장에서는 이를 스토리텔링으로 잘 살려서 가꾸어 나갈 필요가 있다. 어떤 대상을 스토리텔링으로 설명할 때는 위기를 극복해 낸 영웅적인 면모와 위기 극복 후의 발전적인 변화의 모습이 매우 중요하다.

숭례문, 혹은 남대문으로 불리는 대한민국 국보 1호는 듣는 순간 그 뜻과 이미지가 직관적으로 바로 이해된다. 필자가 포스텍에 부임하면서 포항으로 이주했던 2012년은 포항제철소 제1고로가 영광스러운 경제국보 1호로 선정된 바로 다음 해였다. 그 덕분에 경제국보 1호라는 말을 자연스럽게 들을 수 있었다. 그런데, '고로'라는 명칭과 부합하는 이미지가 바로 연상되지 않았다. 고로라는 말을 들었을 때 용

---

16. 이 책에서는 '포스코 포항제철소 제1고로'를 문장 구성과 문맥 등을 고려해서 '포항제철소 1고로', '포항 1고로', '제1고로', '1고로' 등의 용어로 함께 사용하고자 한다.

광로와 비슷한 말로 이해되었지만, 정확한 의미는 알지 못했다. 게다가 고등학교 시절 경주에 수학여행을 왔다가 상경하기 전에 들렀던 포항제철소의 용광로가 어떤 모습이었는지 도통 생각이 나지 않았다.

필자는 평소 잘 듣지 못했던 단어인 '고로^{高爐}'의 뜻을 사전에서 찾아보기로 했다. 국립국어원의 표준국어대사전을 찾아보니, 고로는 다음과 같이 설명되어 있었다.

> 제철 공장에서, 철광석에서 주철^{鑄鐵}을 만들어 내는 노. 보통 높이가 10~25미터에 이르는 높은 원통형으로, 꼭대기에 광석과 코크스를 넣고 아래쪽에서 녹은 선철을 모은다.[17]

철광석에서 주철을 만들어 내는 '노^{爐}'라는 설명이었다. 내친김에 이번에는 '노'라는 단어를 찾아보았다. 조금 귀찮기는 했지만, 그래도 경제국보 1호니까 뭔가 정확히 알고 싶은 오기가 발동했다.

17. 국립국어원 표준국어대사전 검색 결과('고로')

가공할 원료를 넣고 열을 가하여 녹이거나 굽거나 하는 시설. 용광로, 원자로, 전기로, 반사로反射爐, 해탄로骸炭爐 따위가 있다.[18]

결국 용광로라는 익숙한 말로 이해되었다. 그래서 이번에는 용광로란 말을 검색해 보았다. 그제서야 고로라는 말의 의미를 분명하게 알 수 있었다.

높은 온도로 광석을 녹여서 쇠붙이를 뽑아내는 가마. 제련하는 금속에 따라 철 용광로, 구리 용광로, 납 용광로 따위가 있으며, 특히 철 용광로는 곧고 높기 때문에 고로高爐라고 한다.[19]

고로高爐는 곧고 높은 모양을 한 철 용광로였던 것이다. 높은 온도로 금속을 제련할 때, 철의 경우는 용광로의 형태가 곧고 높기 때문에 고로라고 불린 것이다. 이제는 고로와 연결되는 이미지를 확인할 차례였다. 네이버 검색창에 '고로'라고 입력한 뒤에 이미지를 검색해 보았다. 그랬더니 일본 만화 캐릭터나 인물들이 검색되었다. 아뿔싸! 다시 '제1고

---

18. 국립국어원 표준국어대사전 검색 결과("노")
19. 국립국어원 표준국어대사전 검색 결과("용광로")

로'로 수정해서 검색했다. 마침내 영일만 모래사장에서 건설된 포항제철소 제1고로의 사진이 눈에 띄었다. 경제국보 1호의 뜻을 확실히 이해하고 사진으로 그 이미지를 접한 순간이었다.

대한민국 경제국보 1호를 직관적으로 이해하고, 개념과 이미지를 떠올리기까지는 약간의 학구적 열의가 필요했다. 제1고로는 경제국보 1호라는 타이틀을 부여받으면서 강력한 스토리텔링의 엔진을 장착했다. 그렇지만 스토리텔링이 효과적인 기능을 발휘하려면 탄생 배경과 함께 이름이 갖고 있는 직관적 이미지가 매우 중요하다.

일반인에게 '고로'라는 말은 다소 생소하게 느껴질 수 있다. 그래서 '경제국보 1호'라는 수식적 표현이 중요할 수 있다. '대한민국 경제국보 1호'라는 수식어구와 함께 '포항제철소 제1고로'가 불린다면 직관적 이해가 보다 용이할 수 있다. 그리고 '제1고로'를 예쁘게 디자인한 마그넷 기념품이나 포스코에서 생산한 철로 만든 1고로 형상의 미니 굿즈 등을 포스코 홍보관에서 판매하거나 기념 선물로 나눠준다면 1고로의 이미지를 알리는 데 도움이 될 것이다.

포스코 포항제철소 제1고로는 기업의 자산이면서 동시

에 국가의 자산이기도 하다. 그래서 포스코는 제1고로의 대국민 전도사로 자청해서 나서야 한다. 1973년에 첫 쇳물을 뿜어내던 제1고로는 2021년 공식적으로 퇴역했다. 대한민국 경제국보 1호로서의 품격과 가치를 보존하면서 어떻게 퇴역한 1고로를 활용할 것인지에 대해서 진지하게 고민해야 한다. 필자가 포항의 여러 문화콘텐츠 중에서 포항제철소 제1고로에 주목하게 된 이유는 제1고로가 포항을 넘어서 대한민국의 산업문화콘텐츠로서의 역사성과 상징성을 함께 갖고 있기 때문이다.

2

포항제철소 1고로, 마이티 불^{Mighty Bull·火}의 역사

포항제철소 1고로의 역사는 포스코의 역사와 그 출발점을 같이 하고 있다. 포항의 영일만에서 1970년 4월 1일 착공한 포항제철소는 3년 2개월이 지난 1973년 6월 9일에 첫 쇳물을 쏟아 냈는데, 그 주인공이 바로 제1고로였다. 1고로는 대한민국 경제 발전의 신화를 이끈 주역으로 산업의 쌀로 불렸던 철강을 생산해 냈다. 지금은 대한민국 산업의 쌀이 반도체로 인식되고 있지만, 세계 경제 10대 강국으로 발돋움한 대한민국 산업 발전사에서 철강 산업은 대한민국의 경제 성장을 견인하는 역할을 맡았었다.

1고로를 탄생케 한 종합제철소 프로젝트는 대한민국의

제2차 경제개발 5개년 계획의 4대 핵심 과제 중 하나였다. 종합제철소 건설은 입지 선정부터 매우 까다로웠다. 거대한 고로를 충분히 지탱할 수 있는 단단한 지질, 원료와 완제품을 수송하는 선박들이 접안할 수 있는 항만시설, 적절한 도로와 철도 등을 갖춘 육상 교통망, 풍부한 전력과 용수 등이 필요했다. 특히 제철소의 가장 중요한 입지 선정 기준은 항만시설이었는데, 우리나라에는 철광석과 유연탄 등이 거의 매장되어 있지 않아 대형 선박이 정박할 수 있는 항만시설이 무엇보다도 중요했다.[20]

경제기획원의 입지조사팀은 1967년 4월, 18개 지역을 종합제철소의 후보지로 선정했다. 동해안의 삼척, 묵호, 월포, 포항, 울산, 남해안의 부산, 진해, 마산, 삼천포, 여수, 보성, 서해안의 목포, 군산, 장항, 아산, 인천 등이 후보지로 떠올랐다.[21] 정부는 1967년 6월, 300만 평의 공장부지, 25만 톤의 일일용수, 13만 킬로와트의 발전설비, 그리고 연장 250미터의 접안시설 등을 입지 조건으로 다시 정하고 최적의 입지 선정 작업에 들어갔다. 그러자 월포, 포항, 삼천포, 울

20. 서갑경, 윤동진 옮김, 『철강왕 박태준 경영이야기』, (주)한언, 2014, 154~155쪽.
21. 위의 책, 155~156쪽.

산, 보성 등 5개 지역이 이 조건에 따라 가능성 있는 후보지로 선정되었다. 건설부는 각 후보지에 대한 소요 경비를 추정했는데, 최종 선정 단계에서는 건설비가 가장 중요한 입지 결정 기준이었다.[22]

| 도표1 | **후보 지역별 지원시설 추정 투자비 내역**(단위: 억 원)

	월포	포항	울산	삼천포	보성
부지조성	6,180	2,446	2,998	6,146	3,857
공업용수	3,393	3,269	불가	3,104	2,374
항만	8,670	8,330	불가	7,110	8,520
전력	539	248	불가	165	115
합계	18,782	14,293	불가	16,525	14,866

〈도표1〉에서 보는 바와 같이 포항의 지원시설 건설비가 가장 낮은 것으로 조사되어 1967년 6월 24일에 경제장관회의에서 포항을 종합제철 후보지로 정하고 2년여의 입지 선정 과정을 끝마쳤다. 7월 7일, 월간 경제동향을 보고하는 자리에서 박정희 대통령이 공식적으로 선언했다. "포항이 우

22. 위의 책, 156~157쪽.

리나라 최대의 제철소 부지로 선정되었습니다. 포항의 장래 성공을 위해 축하합시다!"[23]

1970년 4월 1일 오후 3시, 1기 설비 종합착공식이 경상북도 영일군 대송면 동촌동 건설현장에서 거행된 후 종합제철소 준공은 국운을 건 사업으로 추진되었다. 1973년에 들어서면서 항만하역설비와 증기설비 등이 갖춰지고 소결공장, 석회소성공장, 발전송풍설비 등이 잇달아 준공되었다. 제1고로 완공 한 달 전에는 제선공장과 제강공장 등이 속속 준공됨으로써 10개 공장, 12개 설비 모두가 시험조업에 돌입하였다.

드디어 포항제철소는 제1고로를 1973년 6월 9일에 완공하였다. 1고로의 완공은 대한민국 철강 산업의 역사뿐 아니라, 경제 성장의 역사에서도 중차대한 역사적 사건이었다. 1고로가 가동되기 시작하면서 철강의 자급자족이 가능해졌고, 이는 건설, 자동차, 조선 등 여러 산업에 필요한 철강재를 안정적으로 공급하는 계기가 되었다. 1970년대 초에 대한민국은 경제개발 계획을 추진하며 산업화에 박차를 가하

23. 위의 책, 157쪽.

고 있었는데, 이러한 시기에 포항제철소 1고로의 완공은 대한민국 경제 성장의 서광이자 전조였다.

철강 생산이라는 국가 제조업의 중추를 맡아 대한민국 경제의 밑거름이 되었던 포항제철소 1고로는 자신의 존재감을 세상에 알린 지 48년 6개월 만에 역사의 무대에서 퇴장했다. 2021년 12월 29일, 포스코 1제선공장에서는 '경제국보 1호'이자 '민족 고로'로 불린 '포항 1고로' 종풍식이 열렸다. 종풍終風이란 수명이 다한 고로의 불을 끄는 것을 뜻한다. 대한민국 철강 역사의 산실이자, 경제 발전의 초석이 됐던 포항 1고로가 48년 6개월 만에 멈춰 선 것이다.[24] 그치지 않고 타오르던 불꽃이 꺼지면서 1고로는 안식에 들어갔다.

반세기 만에 종풍을 맞이하고 역사의 무대에서 내려왔지만, 포항 1고로는 대한민국 산업사의 한 장을 당당히 차지하면서 경제 국보 1호로서의 위상을 높이고 있다. 철강협회는 포항제철소 제1고로의 상징적 의미를 기념해서 첫 출선일인 6월 9일을 '철의 날'로 제정해서 지키고 있다. 제1고로의 주민등록 앞자리 번호는 '19730609'인 셈이다. 예전에 역사

---

24. 권오은, 「'한국 첫 용광로' 포스코 포항 1고로, 48년 만에 역사 속으로」, 『조선일보』, 2021. 12. 29.

적인 숫자인 '7369'가 포스코 직원들 사이에서 통장 비밀번호로 애용됐었다는 말을 들은 적이 있다. 물론 확인할 방법은 없지만, 얼마나 의미 있는 숫자였으면 이러한 스토리텔링이 전해지고 있을까 싶다.

그런데 더욱 흥미로운 것은 포항제철소 1고로가 태어난 1973년과 수명을 다하고 종풍은 맞은 2021년이 모두 '소띠해癸丑'에 해당한다는 것이다. 우연이라고 하더라도 범상치 않은 우연이다. 어쩌면 1고로는 대한민국 경제 발전의 초석을 놓기 위해 근면하게 일하는 힘찬 소처럼 우직하게 우리 산업 현장을 운명처럼 지켜 왔는지도 모르겠다는 생각이 든다.

이 책을 집필하면서 필자는 제1고로에 멋진 닉네임nickname 하나를 선물하기로 했다. 그것은 '마이티 불Mighty Bull·火' 이라는 이름이다. '마이티 불'은 '강력한 불', 혹은 '힘찬 황소'를 중의적으로 뜻하는 이름이다. 48년 6개월 동안 산업의 쌀인 철강을 생산해 냈던 '강력한 불'이자 소띠 해에 입사하고 퇴직한 '힘찬 황소' 같은 제1고로에게 적합한 별명이지 않을까 싶다.

제1고로의 역사성과 상징성에 웅장함과 장대함의 의미

가 결합된 '마이티 불'을 캐릭터 굿즈로 제작해 보는 것도 좋을 것 같다. '마이티 불'을 포스코의 마스코트로 만들고 다양한 스토리텔링으로 개발하는 것도 의미가 있을 것이다. '마이티 불'을 포스코에서 생산한 철을 소재로 만든다면 그 의미를 더할 수 있을 것이다. 현재 포스코의 역사박물관 및 홍보관인 'PARK1538'을 찾는 사람들에게 기념 선물로 나눠 주는 것도 생각해 볼 수 있겠다. '1538'은 순철純鐵이 녹는점인 1538°C를 나타내는 것인데, '강력한 불'과 '힘찬 황소'를 뜻하는 '마이티 불'의 이미지와 결합하면 '1538'의 숫자 스토리텔링이 더욱 실감나는 상징으로 느껴질 수 있을 것이다.

포스코교육재단에서 운영하는 포항제철유치원과 포항제철초등학교, 포항제철지곡초등학교에서는 어린 학생들이 황토색 체육복을 입는다. 필자의 아들도 포항에서 학교에 다녔을 때 황토색 체육복을 입고 등교를 하곤 했다. 아들은 그 옷이 편해서인지 일상복으로도 자주 입고 생활을 했다. 황소의 색을 연상시키는 체육복을 입은 어린 학생들을 보면서, '마이티 불'의 이미지를 자연스럽게 오버랩해 보게 된다. 제1고로와 같은 용광로가 쇳물을 쉬지 않고 뿜어내는 불의 도시 포항에서 힘찬 황소처럼 아이들이 커 가는 것 같은 느낌도

든다.

　'마이티 불–제1고로'는 소명을 다하고 퇴역했지만, '강력한 불'과 '힘찬 황소'의 이미지는 포항의 시민과 학생, 그리고 대한민국 국민에게 영원한 스토리텔링의 주인공으로 남을 것이다. 포스코는 제1고로를 기반으로 여러 고로를 추가로 건설하면서 생산 능력과 경쟁력을 확보했고, 오늘날의 글로벌 기업으로 성장했다. 제1고로는 포스코의 성장뿐 아니라 대한민국 경제 발전에서도 중요한 이정표로 남을 것이다. '경제 국보 1호'로서 갖는 '포스코 포항제철소 제1고로'의 역사성과 상징성은 그만큼 크다고 할 수 있다.

3

포항의 시그니처와 에렐탑 효과

필자는 포스코의 제철공장을 지금까지 모두 네 번 방문했다. 첫 번째는 고등학교 수학여행 때였고, 두 번째는 포스텍에 부임하고 얼마 되지 않아서 학회의 교수님들과 방문했을 때였다. 그리고 제1고로가 종풍을 했던 해에 포항을 찾은 교수님들과 세 번째 방문을 했고, 마지막으로 포스코가 태풍 힌남노를 극복한 과정을 책으로 집필하기 위해 방문했었다.

고등학생 때 보았던 포항제철소는 거대한 철의 제국 같은 느낌이었지만, 중년의 나이에 다시 찾은 포스코는 예전처럼 외형적으로 크게 느껴지지는 않았다. 다만 조강량, 연매출, 주가 등을 통해 포스코의 규모와 위상이 어떠한지를 새삼 체감할 수 있었다.

두 번째 방문과 세 번째 방문에서도 차이가 있었다. 포스코 홍보관이 새롭게 개관하면서 'PARK1538'이 첫선을 보였다. 포스코 견학 과정도 한층 현대화되고 편리해졌다. 포항과 포스코가 공유하는 산업문화콘텐츠가 국민들에게 한층 더 가까워진 것이 고무적으로 느껴졌다. 네 번째 방문에서는 태풍 수해를 극복하고 극적으로 기사회생한 포스코의 전사적 면모를 볼 수 있었다. 포스코를 방문할 때마다 산업문화콘텐츠로서의 가치를 새삼 느낄 수 있었다.

필자의 두 번째 포스코 방문은 학회 교수님들과의 단체 견학이었다. 단체 견학이었기 때문인지는 몰라도 포스코 방문 기념 선물을 받는 행운을 누렸다. 그때 받은 선물은 넥타이였다. '철'과 관련된 선물을 받기를 기대했는데, 매끈한 실크 넥타이를 받고 나서 잠시 반전의 상상력이 발동되어서 좋았다. 부드러운 넥타이의 질감을 느끼면서 제1고로 모형의 넥타이핀과 함께 세트 선물을 받았으면 어땠을까 생각했었다. 물론 포스코 측에서는 선물 비용에 부담이 될 수 있었겠지만, 포항제철소 1고로 모형으로 디자인된 넥타이핀과 실크 넥타이는 부드러움과 강인함이 조화를 이루며 시너지 효과를 높일 수 있었을 것이다.

넥타이핀이 됐든, 손톱깎이나 스패너가 됐든, 아니면 그 어떤 모형이 됐든 간에 포스코의 철은 방문객들에게 특별한 선물이 될 수 있다. 물론 포항에서 오래 살고 계신 분들에게는 철로 만들어지거나, 철을 연상시키는 기념품은 무덤덤하게 느껴질 수도 있을 것이다. 필자가 말하고자 하는 것은 단지 기념품의 종류나 디자인이 아니다. 포스코의 철을 산업문화콘텐츠로 인식하고 그것에 대한 메시지와 이미지를 구축하는 것이 중요하다는 것이다. 포스코에서 생산한 철은 그것이 어떠한 모양을 하고 있더라도 산업문화콘텐츠로서의 가치와 의미를 지니고 있다.

필자는 제1고로의 모형을 전문가들의 기획을 통해 다양한 유형의 굿즈로 제작해 보는 것은 어떨까 제안해 본다. 무료로 나눠주는 기념품 외에도 포항이나 포스코를 방문하는 관광객들에게 판매하는 상품으로도 개발할 수 있을 것이다. 만약 그러한 굿즈를 사서 모을 수 있다면, 필자는 포스코의 스틸 굿즈 컬렉션을 소장하고 싶다. 지인들에게 선물로 주기 위해서 여러 개의 굿즈를 구입할 수도 있을 것 같다.

포스코 방문객에 대한 선물, 혹은 굿즈샵의 기념품은 기업의 홍보용 차원에서 일차적으로 생각할 수 있다. 그렇지만 조금 달리 생각하면 이것은 '대한민국 경제국보 1호, 포항 1고로'를 국내외 여러 곳으로 무한하게 공간 이동하는 매우 효과적인 방법이다. 마치 파리의 에펠탑이 전 세계 어느 곳에나 미니어처 굿즈로 자리 잡고 있는 것처럼 말이다.

'포항 1고로'를 파리의 에펠탑과 같은 상징물로 만들어서 보급하면 어떨까. 에펠탑은 파리라는 지역을 넘어서서 현대 도시, 국제 도시, 문화예술 도시 등을 상징하는 보편적 상징물로 인식되고 있다. 이른바 '에펠탑 효과'가 발생하고 있는 것이다. 에펠탑은 수많은 그림, 사진, 장식품이나 각종 제품 등에 새로운 디자인으로 확대 재생산되면서 세계의 중심적 상징물로서의 가치를 높이고 있다. '에펠탑 효과'는 이미지와 실체가 어떻게 상승효과를 나타낼 수 있는지 잘 보여주고 있다.

포항 1고로를 주제로 굿즈 디자인 공모전을 여는 것도 생각해 볼 수 있다. 실력 있는 디자이너들이 모여들어서 K-문화의 저력을 보여줄 수 있을 것이다. 그렇게 만들어진 1고로 굿즈는 철강도시 포항을 연상시키는 시그니처 상징이 될 것이다. 제1고로를 다양한 형태의 공공미술 작품으로 전시하는 것도 좋은 방법이 될 것이다. 대한민국 경제국보 1호로서 산업의 쌀인 철을 생산했던 포항 1고로의 스토리텔링은 직관적인 메시지와 이미지를 구축하면서 많은 사람들의 뇌리에 각인될 것이다. 1고로는 퇴역했지만, 스토리텔링을 통해서 생생하게 존재감을 뽐낼 수 있을 것이다.

포항 1고로가 마지막으로 생산한 쇳물을 재료로 1고로 모형의 한정판 굿즈를 만들었으면 어땠을까 생각해 본다. 최근에 준공된 'PARK1538'은 순철純鐵의 녹는점인 1538°C에 착안해서 네이밍했다고 하는데, 포스코에서 생산한 철로 1538개의 제1고로 한정판 굿즈를 제작해 보는 것은 어떨까. 포항 시민과 대한민국 국민, 그리고 세계 시민들에게 나누어 주는 이벤트도 열고 말이다. 전 세계의 박물관과 미술관에 한정판 '포항 1고로' 모형을 기증하는 것도 의미가 있을 것이다. 그렇게 되면 퇴역한 1고로가 철강 스토리텔링의 주인공으로 세계 무대에 데뷔하는 장이 펼쳐질 수 있을 것이다.

요새 많은 이들이 KTX를 타고 포항을 방문한다. 방문객들에게 포항역은 포항에 대한 첫인상을 심어주는 매우 중요한 장소이다. 마치 외국 관광객들이 인천국제공항에 내리면서 한국의 첫인상을 체험하는 것과 같다. 그런데 포항역에 내린 후에 후속 교통편을 찾아 발걸음을 재촉하는 방문객들이 바라보는 포항역 안팎의 전경은 평범하다. '여기가 포항이구나. 내가 포항에 왔구나.'라고 느낄 수 있는 상징물이 눈에 띄지 않는다.

그렇다면 한번 재미있는 상상을 해 보자. 당신은 포항을 처음으로 방문하는 사람이고, 오늘 포항역에 도착해서 포항과 첫 대면을 하기 시작한다. 당신은 약간의 설렘, 호기심, 긴장감 등을 느끼며 안구 운동을 빠르게 진행한다. 최근에 새로 지어진 포항역의 말끔한 내부 시설을 지나 바깥 계단을 내려가기 시작하는 당신에게 작은 광장이 눈에 들어온다. 그리고 그곳에는 적당한 크기로 축소되어 있는 '포항 1고로' 모형이 공공미술 작품으로 전시되어 있다. 택시를 타거나 마중 나온 지인을 만나기 전, 당신은 약간의 시간을 내서 포항 1고로 작품 앞의 스토리보드 제목을 읽는다. "대한민국 경제 국보 1호, 포스코 포항제철소 제1고로(1973.6.9.~2021.12.29.)"

바로 그 순간, 당신은 '내가 온 곳은 철강도시 포항이구나. 이곳은 과메기나 물회도 유명하지만, 포스코를 비롯한 철강회사들이 밀집해 있는 산업도시로군.' 이렇게 혼잣말을 읊조릴지 모른다. 어쩌면 당신은 경주 불국사의 다보탑과 석

가탑을 보면서 느꼈던 예술적 감흥을 포항 1고로 작품 앞에서 체험할 수도 있을 것이다.

포항의 여러 문화 자원, 동해 바다와 인접한 여러 해수욕장이나, 내연산이나 비학산 같은 아름다운 산들, 그리고 과메기나 물회 같은 먹거리들은 포항의 산업문화콘텐츠와 함께 존재할 때 더욱 빛을 발할 수 있다. 명품 바다, 명품 산, 미슐랭가이드 맛집 등은 어느 도시에나 어떤 모습으로도 있을 수 있다. 하지만, 경제국보 1호는 아무 도시에나 있지 않다. 포항은 바로 그 점을 스토리텔링으로 활용해야 한다.

고등학교 시절, 필자는 경주로 수학여행을 갔다가 마지막 날 서울로 올라가기 전에 포스코 견학을 했었다. 그때의 기억을 되살려 보면 송도해수욕장에도 잠깐 들렀던 것 같다. 지금은 어떨까? 포스코가 갖고 있던 산업화의 독보적 상징성은 세월이 지나면서 점점 잊혀 가는 듯 보인다. 포항을 찾은 사람들이 포스코 견학을 모두 할 수는 없겠지만, 포항역 광장에 '포항 1고로'가 공공미술 작품으로 서 있다면 모든 방문객들이 경제국보 1호와 잠깐이라도 눈맞춤을 할 수 있을 것이다. 그것이 1고로 스토리텔링의 첫 작업이다.

이제 상상을 멈추고 다시 현실로 돌아와 보자. 포항역의 실내 역사를 빠져나와 에스컬레이터나 계단을 통해 포항 땅을 향하는 사람들의 눈에는 줄지어 서 있는 택시와 주차장의 차들이 보인다. 그 뒤로는 새로 지어진 여러 아파트가 눈에 들어온다. 방문객이 잠시 눈길을 줄 만한 어떤 포항의 상징물도 보이지 않는다. 사람들은 바쁘게 발걸음을 움직인다. 이들의 머릿속에 경제국보 1호가 연상될 가능성은 극히 희박하다.

새로운 포항역이 생기면서 구 포항역(대흥동 위치) 역사 건물이 철거되었다. 그 소식을 처음 들었을 때 다소 사치스러운 생각이 들었다. 옛 역사 건물을 보존해서 포항 산업역사박물관으로 만들고 그 주변을 포항 산업문화테마파크로 만들면 어떨까 하는 것이었다. 물론, 그 땅은 포항 발전을 위해 다각도로 활용될 수 있을 것이다. 그렇지만, 1918년 11월 1일 협궤 노선의 보통역으로 문을 열었던 구 포항역이 100여 년만에 역사의 뒤안길로 사라졌다는 것은 아쉬움을 남게 한다.

예전의 역사와 광장, 주변 상가 등은 그 지역을 방문한 사람들에게 첫인상을 안겨 주며 문화적 랜드마크 역할을 했다. 그 지역의 작은 문화 행사가 열리기도 했고, 동네 아이들의 놀이터가 되기도 했다. 선거 때는 출마한 후보들의 유세

현장이 되기도 했다. 그 지역의 작은 광장 역할을 하던 역 풍경이 우리 시야에서 하나둘씩 사라져갈 때 우리는 묘한 향수를 느끼게 된다.

'포항 1고로'를 공공미술 작품으로 제작해서 KTX 정차역인 포항역에 설치하는 것은 매우 중요한 의미를 지닐 수 있다. 이는 포항이 걸어온 산업화의 궤적을 상징화해서 보여주는 것과 동시에, 현대적인 스토리텔링 방식으로 그 유산을 재해석하는 시도가 될 수 있다. 많은 도시가 그러하듯, 포항 역시 도시의 경제적 성장과 함께 역사적·문화적 정체성을 유지하고 발전시키는 것이 필수적이라고 할 수 있다.

에펠탑이 파리를 상징하는 것처럼, '포항 1고로'는 포항을 대표하는 상징물이 될 수 있다. 이는 1고로가 단순한 산업적 유물이 아닌, 포항이라는 도시의 발전과 역사, 그리고 그 안에서 살아가는 사람들의 이야기를 담아내는 중요한 스토리텔링의 요소가 될 수 있음을 의미한다. 포항의 방문객들은 '포항 1고로' 작품을 통해 포스코의 역사를 접하고, 도시의 정체성을 자연스럽게 이해하게 된다. 이를 통해 산업문화 콘텐츠는 물리적 공간을 넘어서 방문객의 감성과 기억 속에 깊이 자리 잡을 수 있다.

이러한 맥락에서, 포항역에 '포항 1고로' 모형 작품을 설치하는 것은 관광객을 위한 홍보 차원뿐만 아니라, 포항 시민들에게 역사적·문화적 자긍심을 불러일으킬 수 있다는 점에서 그 의미가 크다. 포항에 거주하는 시민들이 자신이 속한 지역의 가치를 재발견해 나갈 때 지역민으로서의 정체성도 보다 긍정적으로 형성될 수 있다. 포항 1고로는 산업화의 상징물일 뿐만 아니라, 포항이라는 도시의 과거와 현재, 그리고 미래를 연결하는 중요한 산업문화콘텐츠로서의 역할을 명실상부하게 감당할 수 있다.

4

포스코의 굴뚝과 대나무 스토리텔링

포항에서는 영일만의 백사장 일대를 소재로 전해져 내려오는 시가 있다. 이 시를 읽다 보면 포항제철소 제1고로와 연결시킬 수 있는 스토리텔링의 가능성을 발견할 수 있다. 수백 년 전부터 내려오는 이 시에는 포항제철의 설립과 관련된 예언적 내용이 담겨 있다. 그래서 포항 주민들 중에는 포항에 종합제철소가 들어서게 된 것이 옛날부터 이미 정해진 일이었다고 여기는 사람도 있었다고 한다.[25] 그런데 재미있는 것은 이 시의 어디에도 철에 대한 언급은 발견할 수 없다

25. 서갑경, 앞의 책, 158쪽.

는 것이다. 이 시는 단지 대나무를 이야기하고 있을 뿐이다.

竹生魚龍沙　어룡사에 대나무가 나면

可活萬人地　수만 명이 살 만한 땅이 된다

西器東天來　서양 문명이 동쪽으로 올 때

回望無沙場　돌아보니 모래밭이 없어졌더라

이 시는 조선시대의 유명한 풍수가이자 조정의 관상감觀象監이었던 이성지李性智가 영일만의 백사장을 둘러본 후 읊었다고 전해진다. 포항제철소가 들어선 장소는 포항 사람들에게 '어룡사魚龍沙'라고 불려 온 백사장 일대로, 제철소가 완공된 후 하늘 높이 솟아 있는 제철소의 굴뚝을 보고 노인들은 '대나무가 난다'라는 예언이 적중했다며 감탄했다고 한다.[26]

이성지가 지었다는 시는 그 제목도 정확하게 알려져 있지 않다. 그리고 이 시의 내용이 정말 포항제철소의 설립을 예언한 것인지에 대해서도 정확하게 입증할 수 없다. 이성지

26. 위의 책, 158~159쪽.

의 창작 의도에 대해서도 추론할 만한 자료가 많지 않다. 그렇지만 이 시를 포항제철소 제1고로와 관련된 시각으로 바라보았을 때 상당히 재미있는 스토리텔링이 가능해진다. 그것은 단순히 이 시의 예언이 적중했느냐, 안 했느냐를 따지는 것보다 훨씬 더 생산적이라고 할 수 있다.

먼저 이 시를 문화콘텐츠 스토리텔링의 차원에서 조금 면밀히 해석해 보자. "죽생어룡사竹生魚龍沙"는 말 그대로 "어룡사에 대나무가 나면"이란 뜻으로 해석할 수 있다. 문화원형백과에서 '포항 어룡사'란 말을 검색해 보았다. 그러자 다음과 같은 자세한 해설을 볼 수 있었다.

지금의 포항제철공장이 자리잡고 있는 백사장 일대를 이 지방 사람들은 '어룡사魚龍沙'라고 부르고, 이 어룡사를 이 고장의 속칭으로 '어룡불' 또는 '어링이불'이라고도 부른다. 이 지방 사람들에게는 '어룡이불'이라기보다는 '오링이불'이라는 명칭이 더 잘 알려져 있고 또 일부러 '얼링이불'이라고 애칭도 한다. 이 '어링이불'을 신라시대에는 '근오지斤烏支벌'이라고도 하고, 또는 '아동변阿東邊'이라고도 불렀다. 신라 중엽에 이르러서는 '임정벌'이라고 불렀는데, 임정벌이라고 부르는 것은 신라 중엽 경덕왕 16년에 '근오지현'을 '임정현'이라 고쳐 부르는 데서 연유한 것 같다. 그리고 고려시대에는 연일벌 또는 형산벌이라고 불리워진 것 같다. 그러던 것이 조선시대에 이르러 풍수지리설과 지상학설地相學說이 발달하여 유행하게 됨에 따라 그 영향을 받고 '어룡사' 또는 '어링이불'이라고 불리워진 것으로 보인다. '어룡사'라고 불리워진 연유는, 옛 사람들의 말에 의하면 장기갑이 영일만을 감싸고 동해 바다로 길게 돌출한 형국이 마치 용이 하늘로 등천하는 모양과 같다고 하여 용미등龍尾嶝이라고도 하고, 포항시 흥해읍 용덕리의 '용덕갑龍德岬'이 동남으로 동해 바다로 돌출하고 있어 마치 어룡상투魚龍相鬪의 형국이라 하여 영일만 중심지대인 이곳을 어룡사라고 부르는 것도 일리가 있는 풍수설이 아닌가 한다. 또 이 '어룡사'는 광의廣意와 협의狹意의 의미로 나누고 있다. 광의의 어룡사는 동해면 약전리로부터 형산강을 지나 두호동에 이르기까지 약 20여 리의 넓은 백사장을 총칭하는 것이고, 협의의 어룡사는 형산강 하류를 중심으로 남쪽과 북쪽, 즉 포항제철공장이 자리 잡은 지대와 지금의 포항 송도해수욕장 전역을 '어룡사'라고 부른다.[27]

포항 어룡사는 결국 현재의 포스코가 들어선 땅을 중심

27. 문화원형백과사전 검색 결과("어룡사")

으로 송도해수욕장을 비롯한 포항 영일만의 백사장을 일컫는 지명이라고 할 수 있다. 동해 바다를 바라보는 포항의 해안 지역에 대나무가 난다는 내용과 그 이미지는 상당히 낯선 측면이 있다. "죽생어룡사"로 시작하는 이 시가 대단히 강렬한 인상을 주는 이유이다.

"가활만인지可活萬人地", 즉 "가히 수만 명이 사는 땅이 된다"는 내용도 압권이다. 조선의 어촌 마을이었던 포항이 수만 명의 인구가 밀집한 풍요로운 땅이 된다는 내용이다. 그 다음 시구도 의미심장하다. "서기동천래西器東天來"를 "서양의 근대문명이 한반도의 동쪽인 포항까지 다다른다"로 해석하면, 포항제철소라는 근대적 산업 시설이 자연스럽게 떠오른다. 마지막으로 "회망무사장回望無沙場"은 "돌아보니 모래밭이 없어졌다"는 것인데, 이를 포항제철소가 들어서면서 상전벽해가 된 포항의 새로운 지형으로 생각해 볼 수 있다.

이 정도의 내용을 담고 있는 시라면, 문화콘텐츠 스토리텔링의 가치는 매우 높다고 할 수 있다. 강원도 강릉의 하슬라아트월드에 있는 피노키오 박물관은 강릉 오죽헌의 대나무와 피노키오의 코 이미지를 오버랩하면서 만들어졌다. 경기도 양평에 있는 황순원문학촌 소나기마을도 황순원의 단

편소설 「소나기」에서 양평이 한 번 언급되었다는 이유만으로 양평에 건립되었다. 약간의 명분만 있어도, 또 스토리텔링의 가능성이 조금만 있어도 박물관이 세워지고 문학관이 만들어질 수 있는 것이다. 이런 관점에서 보자면, 이성지의 예언적 시는 무엇을 만들어도 부족하지 않은 가능성을 나타내고 있다.

만약, 이성지의 시를 문화콘텐츠 스토리텔링의 차원에서 활용하고자 한다면, '대나무'를 적극적으로 활용해 볼 필요가 있다. 피노키오 박물관은 강릉에서 먼저 시작했으니, 조금 다른 차원으로 접근해 보자. 대나무 생태 공원을 포스코와 인접한 송도해수욕장 인근에 조성해 보는 것은 어떨까. 포스코, 송도해수욕장과 인접한 대나무 생태 공원을 찾기 위해 많은 사람들이 방문할 수 있을 것이다.

바닷가에 위치한 대나무 생태 공원은 독특한 풍광을 연출할 것이다. 흔히 바닷가에는 수려한 소나무 숲을 연상하는데, 대나무의 곧고 푸른 심상이 붉은 쇳물을 만드는 포스코 고로의 표상과 어우러지면서 퓨전 이미지를 연출할 수 있을 것이다. 물론 그 공원에서는 이성지의 시를 멋진 스토리보드나 시 비석으로 만들어서 사람들에게 알려야 할 것이다. 이성지의 시를 모티프로 조성된 대나무 생태 공원에서 '대나무 문화제·예술제'를 열 수도 있다. 포스코와 포스텍이 있는 포항이니, '대나무 SF 문학제'도 열 수 있다. 철강을 만드는 쇳물의 붉은색이 대나무의 푸른색과 어우러지면, 포항이라는 산업도시에 생태도시의 이미지가 융합될 수 있을 것이다. 산업도시 포항에 청정 이미지가 더해져 환경공생도시環境共生都市로 인식될 수 있는 것이다.

포스코와 포항을 연결하는 스토리텔링에서 대나무는 단순한 자연물이 아니라, 역사와 미래를 잇는 중요한 상징으로 활용될 수 있다. 대나무의 강직하고 곧은 성질은 '포항제철소 제1고로'로 상징되는 철강 정신과 상통할 수 있다. 대나무가 가진 푸른 이미지는 붉고 거친 쇳물과의 대비를 통해 새로운 차원의 이미지를 구축할 수 있다. 대나무 생태 공원은 그 자체로 자연과 산업의 융합을 보여주며, 현대적 철강산업에 역사와 문화가 조화를 이룬 상징적인 공간이 될 수 있다.

또한, 대나무는 생명력과 재생의 의미가 있어 포항 철강산업의 발전과 부흥을 상징할 수 있다. 어려운 환경 속에서 강하게 자라나는 대나무의 생명력은 산업화로 손상된 자연

환경이 회복되는 치유를 의미하기도 한다. 이러한 스토리텔링은 포항을 산업도시에서 환경친화적 도시로 변모시키는 계기로 작용할 수 있다. 대나무 생태 공원은 이러한 상징성을 통해 산업도시 포항의 새로운 도약을 알리는 중요한 문화콘텐츠로 자리 잡을 수 있을 것이다.

대나무 생태 공원이 조성된다면, 이를 중심으로 다양한 문화 행사를 기획할 수 있을 것이다. 예를 들어, 대나무와 철강을 결합한 공공미술 프로젝트를 통해 대나무의 자연미와 포스코 철강의 인공미를 결합한 작품을 전시할 수 있다. 이와 함께 대나무를 소재로 한 미디어 아트, 설치 미술, 또는 조형물을 만들어 방문객들에게 새로운 예술적 경험을 제공할 수도 있다. 이러한 창의융합형 스토리텔링은 지역 주민들뿐만 아니라 관광객들에게도 큰 흥미를 불러일으킬 수 있으며, 포항을 예술과 산업이 공존하는 도시로 재조명하는 계기가 될 것이다.

대나무는 그 자체로 생명력 있는 존재를 상징하지만, 동시에 그 푸른 빛깔은 철강도시 포항이 가진 차가운 산업 이미지를 중화시킨다. 대나무가 품은 자연적 이미지는 포항의 새로운 비전을 제시하는 출발점이 될 수 있다. 그 비전은 바로 산업과 환경이 공존하는 지속 가능한 도시라는 것이다. 산업도시라는 전통적인 정체성에 자연의 이미지를 덧입히는 것은 외적인 변화만이 아니라, 도시가 지향하는 가치를 재정립하는 과정이다.

스토리텔링의 관점에서 보았을 때, 대나무와 포스코의 결합은 매우 강력한 서사적 요소를 제공한다. 자연의 강직함을 상징하는 대나무는 변화무쌍한 시대 속에서도 변함없이 그 자리를 지키며 새로운 시대를 맞이할 준비를 한다. 그와 동시에 철강산업은 끊임없는 혁신을 통해 미래 산업의 초석을 다진다. 대나무와 포항 제1고로의 융합형 스토리텔링은 포항이 추구해야 할 새로운 길을 제시할 수 있다.

문화콘텐츠 기획자는 이러한 상징적 결합을 어떻게 활용할 수 있을지 고민해야 한다. 단순한 상품화나 축제 기획을 넘어, 포스코와 대나무가 함께 만들어 내는 미래적 상상력을 구체화하는 것이 중요하다. 예를 들어, 포항의 미래를 제시하는 대나무와 철강의 융합을 주제로 한 국제적 예술 행사를 기획해 볼 수 있다. 이 행사는 대나무와 철강을 소재로 한 다양한 창작 활동을 장려하면서, 세계적 예술가들이 포항에서 새로운 예술적 해석을 시도할 수 있는 장을 마련할 수 있다. 이를 통해 포항은 자연과 인간, 산업과 예술이 어우러지는 미래적 도시로의 도약을 꿈꿀 수 있다. 대나무와 철강이 융합적으로 만들어 내는 스토리텔링은 포항의 새로운 정체성을 정립하는 데 중요한 역할을 감당할 수 있을 것이다.

5

철강 영웅의 네버엔딩 스토리

대한민국의 경제국보 1호인 '포항제철소 제1고로'는 포스코
산업 전사들의 영웅적 면모를 보여주는 스토리텔링을 만들
어 낸다. 제1고로는 일제 식민지 지배와 6·25 민족 동란을
겪었던 우리 겨레가 민족적 시련을 극복하고 산업화를 이룩
해 낸 경제 부흥의 스토리를 나타내는 대표적인 표상물이다.
따라서 제1고로는 포항이라는 경계를 넘어서서 대한민국의
산업화를 상징하기에 충분한 스토리텔링을 지니고 있다고
할 수 있다.

　지금은 철이 너무 흔한 시대가 됐지만, 송호근은 그의 저
서 『혁신의 용광로』에서 우리나라를 1968년까지 본격적 철

기 문명에 진입하지 못한 '무철無鐵 국가'로 표현하고 있다. 1968년에 우리나라가 제철소를 본격적으로 기획할 무렵, 당시 국내에 존재했던 가장 큰 고로는 강원도 삼척 소재 삼화제철소에 설치된 일일 생산 20톤 규모의 고로였다. 일제 강점기 고레가와제철是川製鐵이 만든 소형 용광로 8개 중 마지막 남은 것이었다. 최고령의 이 고로는 현재 포스코 역사관 마당에 전시되어 있다.[28]

송호근의 지적처럼, 1968년까지 한국은 철을 쓰면서도 철을 생산하지 못하던 나라였다. 이 말이 뜻하는 의미는 무엇일까? 철이 생산력, 군사력, 국력을 뜻한다면, 철을 생산하지 못하는 한국은 힘이 없는 나라였으며, 철이 경제적 풍요를 뜻한다면, 한국은 궁핍한 생활 속에서 헤맨 나라였다는 것이다.[29]

1961년에 우리나라의 1인당 국민소득은 82달러에 불과했다. 그러나 최근의 조사에 의하면, 우리나라의 1인당 국민총소득GNI은 3만 1천 달러를 넘어선 것으로 조사됐다. 2006년에 1인당 GNI가 2만 달러를 돌파한 지 12년 만에 3만 달러

28. 송호근,『혁신의 용광로』, 나남, 2019, 29쪽.
29. 같은 곳.

시대를 연 것이다.[30]

이로써 우리나라는 1인당 국민소득이 3만 달러를 넘은 동시에 인구 5,000만 명을 넘은 '3050클럽'에 가입한 7번째 국가가 됐다. 2017년까지 해당 규모의 경제력과 인구를 가진 국가는 미국, 독일, 일본, 프랑스, 영국, 이탈리아 등 6개국이었다.

1968년은 대한민국이 무철 국가에서 벗어나기 위해 본격적으로 시동을 건 해였다. 1968년 3월 6일, 포항종합제철 주식회사 설립을 위한 발기인 대회가 열리고, 3주일이 지난 4월 1일 역사적인 창립식이 거행되면서 포항종합제철이 창립되었다. 신설회사의 이름은 '고려종합제철', '한국종합제철', '포항종합제철' 등 세 개 안 가운데 공장 소재지의 지명을 따라 박정희 대통령이 '포항종합제철'로 결정했다고 한다.[31]

2002년 포항제철은 '포스코'로 사명을 변경하였지만, 아직도 많은 국민들에게 포항제철이라는 상호명은 뇌리에 깊숙이 각인되어 있다. 포항이라는 지역명과 결합한 회사의 상호명은 산업문화콘텐츠로서의 아이템이 되기에 충분하다고

---

30. 오정민, 「지난해 1인당 국민소득 3만 1000불 상회」, 『한국경제』, 2019. 1. 22.
31. 서갑경, 앞의 책, 150쪽.

할 수 있다.

1973년은 포항 영일만에서 처음으로 철이 만들어진 역사적인 해이다. 1973년 6월 7일 본관 앞 광장에서 박태준 사장은 태양열로 원화를 채화하여 원화로에 보존하였고, 6월 8일 7명의 원화봉송 주자가 이 원화를 제선공장으로 봉송하였으며, 오전 10시 30분, 고로 화입식을 거쳐 제1고로에 화입하였다. 첫 출선出銑은 고로 화입 후 21시간 만인 6월 9일 오전 7시 30분에 이루어졌다. 우리나라 역사상 최초로 대형 고로에서 쇳물이 터져 나오자 쇳물이 나오기를 초조하게 기다리던 박태준 사장과 건설 요원들은 모두 감격의 만세를 불렀다.[32] 포스코 포항제철소 제1고로는 산업의 쌀인 철강을 생산하며 대한민국 산업화의 영웅으로 등극했다.

철의 존재가 영웅으로 불리는 또 다른 스토리텔링을 우리는 물고기 모양의 쇳덩어리에서 발견할 수 있다. 적정기술로 발명된 철어鐵魚, '럭키 아이언 피쉬Lucky Iron Fish'가 그것이다. 세계보건기구WHO에 따르면 철분 결핍 인구는 전 세계 35억 명이다. 이 가운데 20억 명은 빈혈 증세를 겪고 있다.[33]

32. 포스코 35년사 편찬위원회, 『포스코 35년사』, 삼성문화인쇄㈜, 2004, 195쪽.
33. 윤현종, 「'鐵魚'로 35억 명 '빈혈 퇴치 혁명'」, 『헤럴드경제』, 2016. 2. 19.

그런데 물고기 모양의 쇳덩어리를 음식에 넣고 함께 끓이기만 하면 부족한 철분이 보충된다고 한다. 음식을 끓이거나 밥을 지을 때 '쇠 물고기'를 10분 정도 넣으면 된다. 이 간단한 방법으로 한 가족(4~5명)의 일일 철분 섭취량 75%가 충족된다. 가격은 일반 철분 보충제의 6분의 1 수준이다.[34] 이 정도면 '럭키 아이언 피쉬'는 행운을 가져다주는 '철 영웅'으로 부르기에 손색이 없다고 할 수 있다.

한편 최근 포항에서 '아이언맨'의 영웅적 스토리가 새롭게 만들어지고 있다. 요새는 국가적 위기 상황이 자연적 재난으로 말미암는 경우가 많다. 세계 철강 산업계에서 유례없는 태풍으로 인한 포스코 침수 사건은 2022년 9월 6일에 발생했다. 당시 태풍 힌남노가 한반도에 상륙하면서 포항 지역에 폭우가 쏟아졌고, 이로 인해 인근의 냉천이 범람하면서 포스코의 제철소와 주변 지역이 침수되는 피해가 발생했다.

태풍이 초래한 침수로 인해 포스코는 생산 라인의 가동이 일시적으로 중단되었고, 일부 설비가 물에 잠겨 긴급한 복구 작업이 필요했다. 특히, 철강 생산 과정에서 중요한 역

---

34. 위의 기사.

할을 하는 여러 설비와 장비가 침수되어 전체 생산 공정에 영향을 미쳤다. 포스코는 1973년 조업 개시 이래 첫 휴풍이 결정됐다. 포스코는 고로의 불씨만 남겨놓은 채 모든 작업을 중지하고 작업자의 출입을 금지한 채 휴풍을 결정한 것이다. '휴풍休風'은 고로에서 추가적으로 철광석을 녹이지 않는 상태를 유지하기 위한 것이다. 이렇게 전례가 없는 결정을 하게 된 것은 슈퍼 태풍이 가져올 수 있는 피해를 방지하기 위함이었다.[35]

휴풍은 길어야 7일을 넘기지 못한다. 7일을 넘기면 내부에서 연소되던 코크스와 철광석 용융물이 내화벽에 엉겨 결국 폐기해야 한다. 고로를 건조하는 데에만 5천억 원이 들고 기간은 2년 남짓 소요된다. 휴풍은 7일이 생명선이다. 그런데 용선을 실어 나르는 잠수형 모양의 용선 운반차 속 용선이 시간 지체와 폭우로 이미 굳었다는 문제에 봉착했다. 고로에서 분출된 용선량은 임의로 조작할 수 없기에 그것을 감당할 용선 운반차를 충분히 마련해야 하는 게 고로반 철칙이다. 광양제철소에 있는 18대, 현대제철소에 있는 5대의

35. 김기홍, 「괴물로 변신한 힌남노가 덮친 포스코」, 박상준 외, 『함께 만든 기적, 꺼지지 않는 불꽃』, ㈜ 나남, 2023, 83쪽.

용선 운반차가 바지선으로 급히 운송됐다. 그리고 휴풍 6.5일을 경과한 시점에 마지막 고로가 가동되기 시작했다.[36]

포스코에서 근무하는 사람들은 흔히 철강인, 철강맨으로 불린다. 쇠를 만들고 다루는 사람들의 모습은 왠지 강인해 보인다. 그래서 자연스럽게 영화 속 주인공 '아이언맨'이 떠오른다. 포스코에는 1만 6천여 명이 넘는 아이언맨들이 일하고 있다. 지금도 철강 신화를 만들어 나가고 있는 아이언맨들에게는 저마다의 스토리텔링이 있다. 40년을 넘게 일한 명장에서부터 갓 입사한 MZ세대에 이르기까지 아이언맨들의 신화는 계속되고 있다.[37]

아이언맨은 철인鐵人의 이미지를 갖고 있다. 그 어떤 어려움도 능히 극복할 투지가 넘쳐흘러 보인다. 그런데 태풍 힌남노가 철강도시 포항을 덮쳤을 때는 아이언맨도 힘에 부쳤다. 자연 재난의 규모가 상상외로 컸기 때문이다. 힌남노는 일반적인 재난의 상상력을 벗어났다. 공장 전 지역이 침수 피해를 입은 상황에 화재까지 발생했다. 창사 이래 한 번도 멈춘 적이 없던 용광로마저 셧다운됐다. 강력한 아이언맨도

36. 송호근, 「포스코, 135일의 시련, 135일의 기적」, 위의 책, 40~41쪽.
37. 노승욱, 「민관군 어벤져스, 아이언맨을 구하다」, 위의 책, 278~279쪽.

어쩔 수 없는 상황이 동시다발적으로 발생한 것이다.[38]

절체절명의 위기 순간에 어벤져스 팀이 출동했다. 민관군으로 구성된 어벤져스가 아이언맨을 구하기 위해 나선 것이다. 한국형 상륙돌격장갑차를 앞세우고 해병대가 아이언맨을 위한 구조와 복구에 나섰다. 포항과 경북, 전국의 소방대원들도 포스코의 재난 현장으로 줄을 이어 출동했다. 시민단체와 종교단체뿐 아니라 일반 시민들도 포스코를 돕기 위해 마음을 모았다. 민관군 어벤져스의 규모 또한 엄청났다. 포스코 임직원을 포함해서 매일 1만 2천여 명이 넘는 복구 인력이 포스코의 재난 극복 현장에서 활약했다.

아이언맨은 어벤져스와 팀워크를 이루면서 더욱 강해졌다. 쇳물이 굳어가던 고로는 골든 타임 안에 기적적으로 다시 살아났다. 근 50년 만에 포스코가 재탄생되는 신화가 다시 쓰여졌다.[39] 태풍 힌남노로 인해 철강인들과 포항의 민관군이 함께 영웅의 모습을 보여줬다. 강철 같은 아이언맨도 위기의 순간을 맞을 때가 있다. 지역의 민관군이 어벤져스를 결성해서 아이언맨을 구하는 모습은 철강 영웅의 네버엔딩

38. 위의 책, 279쪽.
39. 같은 곳.

스토리를 더욱 강력하게 만들었다. 골든 타임 안에 제철소를 살리기 위해 '원 팀'을 이루어 위험과 희생을 무릅썼던 영웅들의 이야기는 네버엔딩 스토리로 남았다.

포스코의 철강 영웅 이야기는 철을 만드는 기술의 신화를 넘어, 끈질긴 도전 정신과 협력을 상징하는 스토리로 계속되고 있다. 태풍 힌남노로 인한 재난은 포스코가 직면한 전례 없는 위기였지만, 그 위기 속에서 드러난 것은 철강인들, 그리고 지역사회와 정부, 군이 함께 만들어 낸 강력한 연대였다. 135일의 기적은 포스코가 대한민국 산업 역사의 한 축을 담당하는 상징적 존재로 자리 잡았음을 다시 한번 확인시켜 주었다.

포항제철소의 고로가 다시 가동된 순간은 포스코가 세계 철강산업에서 차지하고 있는 위상을 다시 한번 재확인하는 순간이었다. 그 과정에서 철강인과 지역민 간의 협력은 포스코가 하나의 기업을 넘어서 국가적 자산으로 인식되고 있음을 보여주는 것이었다. 이러한 협력과 도전 정신이야말로 포스코가 철강 영웅의 스토리를 끊임없이 이어 나갈 수 있는 원동력이라고 할 수 있다.

포스코의 철강 영웅 스토리텔링은 단순히 과거의 영웅

적 행위에 머물지 않고, 새로운 세대와의 연결을 통해 더욱 확장되고 있다. MZ세대인 새로운 철강인들이 포스코에 합류하면서, 그들은 과거의 명장들과 어깨를 나란히 하면서 미래를 향한 새로운 도전을 시작했다. 신구 세대가 함께 만들어가는 철강 신화는 기술적 전수에만 그치지 않는다. 그들은 철강인의 가치와 정신을 이어받아, 변화하는 세계 속에서 새로운 산업적 가능성을 열어가고 있다. 철강 영웅의 이야기가 끝이 없는 것은 바로 이러한 이유 때문이다.

포항제철소 제1고로의 신화에서 비롯된 철강 스토리는 지역민과 함께하면서 계속해서 만들어지고 있다. 포스코는 포항의 경제적 발전을 주도했을 뿐만 아니라, 지역민과의 상생을 통해 공동체의 일부로서 깊이 뿌리내렸다. 힌남노와 같은 자연재해 앞에서 포스코와 지역사회가 하나가 되어 위기를 극복한 스토리텔링은 기업과 지역 공동체가 서로에게 필수적인 존재임을 확인시켜 주었다. 태풍의 재해를 극복한 이야기는 포스코의 아이언맨들이 지역사회와의 상생으로 만들어 낸 새로운 형태의 영웅적 스토리텔링이다.

2024년 11월 6일 개봉된 영화 〈데드라인Deadline〉은 태풍 힌남노로 인해 침수 피해를 입은 포항제철소의 실화를 바탕으로 제작되어 많은 사람들에게 감동을 주었다. 이 영화에서는 시사 교양 PD인 오윤화(공승연 분)가 재난의 진실을 파헤치기 위해 제철소에 잠입 취재를 하는 이야기를 통해 재난을 극복한 영웅들의 모습을 조명하고 있다. 이 영화에서는 철을 만드는 제철소의 심장인 고로를 골든 타임이 지나기 전에 되살리기 위해 사투를 벌이는 철강 영웅들의 이야기가 잔잔한 감동의 스토리로 전해지고 있다. 관객들은 이 영화를 통해 제철소의 심장이 고로라는 사실을 다시금 인식하게 되었다.

135일의 기적! 포스코가 존재하는 한 고로를 살려내기 위해 철강인과 민관군이 분투했던 135일의 기적은 계속해서 들려지는 스토리텔링이 될 것이다. 〈데드라인Deadline〉에서처럼, 그 스토리텔링의 주인공은 포스코의 아이언맨과 민관군 어벤져스 모두라고 할 수 있다. 해병대원, 소방대원, 지자체 공무원을 포함해 일반 시민까지 135일의 기적을 철강인과 함께 만들어 낸 모든 사람이 영웅인 것이다. 135일의 스토리는 포스코의 역사이자, 대한민국의 역사이기도 하다.[40]

40. 위의 책, 294쪽.

고로가 제철소에 우뚝 서 있는 한 영웅들의 이야기는 계속
될 것이다.

6

철, 뜨거운 스토리를 담아내다

포스코 포항제철소 제1고로는 1973년 첫 쇳물을 쏟아 내며
대한민국 산업화의 심장 역할을 했다. 거대한 철강공장의 열
기 속에서 성장한 포항은 한강의 기적이라고 불리는 대한민
국 경제 성장의 엔진 역할을 했다. 그러나 제1고로의 이야기
는 경제 성장의 서사에 그치지 않는다. 그 속에는 철강인의
땀과 눈물, 포항 지역민의 협력과 응원, 그리고 산업 강국을
열망하는 대한민국 국민의 염원이 오롯이 녹아 있다. 그렇기
에 철은 이들에게 단순한 금속이 아닌, 자신들의 삶이 녹아
내린 역사를 담아낸 뜨거운 이야기이다.

제1고로의 첫 가동이 시작된 날, 포항은 전례 없는 긴장

과 기대감으로 가득했다. 한국의 기술력으로 쇳물을 뽑아낸다는 것은 당시로서는 꿈에 가까운 일이었다. 국내외에서 모인 기술자들과 현장 근로자들은 포항제철소 제1고로에서 대한민국 산업화의 새로운 역사를 쓰겠다는 각오를 다졌다. 그들은 365일 고로 앞에서 땀을 흘리며 새로운 쇳물을 뽑아냈다. 그 뜨거운 쇳물은 대한민국 경제 성장과 기술적 자립의 결과물이기도 했다.

제1고로는 그 자체로 기술 혁신의 산물이었다. 1고로는 한국 철강산업의 자립을 상징하는 존재로 거듭났다. 그 과정에서 철강인들의 노력과 헌신은 빼놓을 수 없는 부분이다. 고로의 뜨거운 열기와 싸우며 철을 다루던 기술자들은 자신들의 손으로 한국 경제를 일으켜 세운다는 사명감을 품고 있었다. 이들에게 고로가 있는 제철소는 단순한 작업장이 아니라, 국가적 사명을 완수하는 신성한 성지聖地와도 같은 곳이었다.

포항 지역민들 또한 제1고로와 깊은 인연을 맺었다. 포스코가 들어서기 전까지 포항은 작은 어촌에 불과했지만, 1고로가 가동되면서 도시의 모습은 급격하게 변화했다. 철강 도시 포항은 한국의 산업 수도로 거듭났으며, 지역민들은 철강

산업과 함께 성장했다. 철강인들은 지역 주민들과 함께 고로의 열기를 견디며, 그 안에서 새로운 삶의 터전을 만들어 나갔다. 그들에게 고로는 도시의 성장을 이끌어 가는 거대한 엔진이었다.

고로 안에서 매일 타오르는 불꽃은 철강인들의 의지와 열정을 상징한다. 고온의 용광로 속에서 뜨거운 철을 쏟아내는 과정에는 기술적 작업 그 이상의 의미가 있다. 그곳에서 일하는 사람들은 하루하루 치열하게 일하며, 자신의 몸과 마음을 쇳물에 녹여냈다. 그들이 흘린 땀과 노력은 제1고로의 뜨거운 열기와 함께 응결되었고, 그 과정에서 대한민국의 경제적 기적이 서서히 모습을 드러냈다.

포항제철소 제1고로가 주는 의미는 단지 경제적 성장의 상징에 그치지 않는다. 그것은 세대를 잇는 산업 역군들의 이야기를 품고 있다. 1세대 철강인들은 기술과 경험을 쌓아가면서 후배들에게 지식과 노하우를 전수했다. 고로에서 일하는 철강인들은 국가를 위해 쇳물을 뽑아내는 산업 전사였다. 이들의 노력이 모여 한국 철강산업은 글로벌 수준으로 발전할 수 있었고, 포스코는 세계적인 철강기업으로 오늘날 우뚝 설 수 있었다.

제1고로에는 수많은 사람들의 이야기가 녹아 있다. 제철소의 모든 공정은 안전사고를 염려하며 긴장을 늦출 수 없는 일의 연속이지만, 철강인들은 자신을 희생하며 동료들의 안전을 지켰다. 명장들은 자신의 기술과 노하우를 후배들에게 전수하며 한국 철강 산업의 지속적인 성장을 도왔다. 신혼 시절의 청년들은 중년의 나이가 되었고, 그들의 자녀들은 포항의 영일만에서 햇살 가득한 에너지를 받으며 자라났다.

제1고로의 이야기 속에는 이러한 인간적인 드라마가 녹아 있으며, 이는 한국 철강산업의 역사를 더욱 뜨겁게 만들어 주고 있다. 1고로에서 쇳물이 흘러나오는 과정은 철강 산업의 역사임과 동시에 철강인 한 사람 한 사람의 역사이기도 하며, 그들의 가족사이기도 하다.

필자는 초창기부터 현재까지 붉은 쇳물을 지켜 온 철강인들의 이야기를 체계적으로 담아내야 한다고 생각한다. 포항에 살면서 택시를 탔을 때 포스코를 퇴직한 기사님들과 이야기할 수 있는 기회가 자주 있었다. 그분들의 이야기를 듣다 보면 목적지에 금방 도착하곤 했다. 어떤 때는 이야기가 너무 흥미진진해서 택시 기사님과 따로 시간을 내어 이야기하고 싶었던 적도 있었다. 택시 기사님들의 이야기로 대

본을 만들면 그 내용이 드라마가 되고 영화도 되겠다는 생각을 했다.

포스코 철강인들의 역사를 기록하는 것은 포스코만의 몫은 아니다. 포항시도 뜨거운 역사의 기록을 담아내는 데 관심을 가져야 한다. 기록되지 않은 개인의 체험은 주변에만 작게 메아리치면서 사라져 갈 수 있다. 철강인들의 애환이 서린 삶의 이야기를 담아내는 작업을 짜임새 있게 진행해야 한다. 지금까지의 기록이 주로 포스코의 발전사였다면, 앞으로의 기록은 철강인들의 개인사를 복원하여 기록하는 방향으로 나가는 것이 어떨까 싶다. 거시적인 서사에 보석 알맹이처럼 박혀 있는 미시적인 서사를 발굴하는 것은 국가적·사회적으로도 큰 의미를 지니는 작업이다.

포항 지역민들은 우뚝 솟은 고로와 함께 성장했다. 철강산업이 지역 경제에 미치는 영향은 지대했다. 포항은 철강산업 덕분에 인구가 급증했고, 도시 인프라도 급격하게 확장되었다. 철강인들과 그 가족들은 지역사회의 중심이 되었으며, 제1고로는 지역민들에게 일자리를 제공하고, 지역 경제를 활성화하는 중요한 역할을 했다. 포스코와 포항의 관계는 기업과 도시의 관계를 넘어, 운명을 같이하는 공동체와도 같다.

2021년, 포스코 포항제철소 제1고로는 퇴역을 맞이했다. 48년간 쇳물을 생산하며 대한민국 경제를 지탱해 온 제1고로의 퇴역은 많은 이들에게 감동과 아쉬움을 안겨 주었다. 제1고로는 비록 가동을 멈췄지만, 그 속에서 만들어진 철의 이야기는 여전히 살아 숨 쉬고 있다. 철의 이야기는 과거의 산업 유산만이 아니라, 현재와 미래에도 계속될, 멈추지 않는 영원한 이야기이다.

제1고로의 퇴역은 끝이 아닌, 새로운 시작을 의미한다. 그것은 1고로가 쇳물을 뿜어내는 것은 멈췄지만, 반세기 동안 간직했던 이야기는 앞으로도 계속될 것이기 때문이다. 1고로에서 시작된 포항 철강의 역사는 이제 미래로 향하는 산업 혁신으로 이어지고 있다. 포스코는 새로운 환경과 시대적 요구에 맞추어 철강 기술을 진화시키고 있으며, 1고로가 남긴 기술적·정신적 유산은 갓 입사한 MZ세대에게도 전수되고 있다. 포항제철소 1고로는 철강인들에게 미래의 방향을 비추어 주는 등대로 변함없이 그 자리에 우뚝 서 있을 것이다.

7

포항 1고로의 유무형적 가치와 활용 방안

철鐵은 인간의 의지意志와 결합할 때 비로소 이야기敍事가 된
다. 포스코가 포항제철소로 불리던 시절 박태준 회장이 내세
운 '제철보국製鐵報國'이라는 모토는 철강 산업을 통해 국가를
부강하게 만들겠다는 강력한 의지를 담고 있었다.[41]

'제철製鐵'은 철강을 만드는 주체인 포스코를 의미하며,
'보국報國'은 나라에 보답하고 기여한다는 뜻이다. 즉, 철강
산업의 발전을 통해 국가 경제를 부흥시키고, 대한민국의 산

---

41. 박태준 회장은 제철소를 성공시켜 5천 년 대물림된 절대빈곤의 사슬을 끊고 사람다운 삶을 영위할
수 있는 국가 재건에 헌신하겠다는 제철보국(製鐵報國)의 신념으로 제철소 건립을 추진했다. 이대
환, 『박태준』, 도서출판 아이케이, 2021, 145쪽.

업적 자립과 성장을 이루겠다는 목표가 담긴 구호였던 것이다. 이는 대한민국의 자립적 경제 발전과 철강 산업의 중요성을 강조한 전략적 모토였다.

'제철보국'은 특히 1960~70년대 대한민국이 산업화 과정에서 경제 자립을 이루려는 시기에 큰 의미가 있었다. 당시 대한민국은 철강을 포함한 기초 자원들을 대부분 수입에 의존하고 있었는데, 이를 극복하기 위해서는 자국 내에서 철강을 생산하는 능력이 필수적이었다. 철강은 건설, 조선, 자동차 등 여러 산업에 기초적인 자원을 제공하면서 국가 경제 발전에 중요한 역할을 했다. 따라서 철강 산업의 자립은 국가의 경제적 독립과 직결되었으며, 이는 '제철보국' 모토에 반영되며 철강의 서사를 만들어 냈다.

포스코는 '제철보국'에서 '기업시민'으로 정체성을 발전시켜 나갔다. 포스코의 새로운 모토인 '기업시민Corporate Citizenship'은 기업이 단순히 경제적 이익을 추구하는 존재가 아니라, 사회적 책임을 다하며 지속 가능한 성장을 이루어야 한다는 철학을 담고 있다. 이 개념은 기업이 사회의 일원으로서 더 나은 공동체를 만들기 위해 기여하고, 환경과 사회적 가치를 함께 고려해야 한다는 것을 강조한다. 포스코는 이 모토를 통해 기업의 이윤 추구와 더불어, 사회적 공헌과 환경보호에 앞장서는 것을 목표로 삼았다.

'기업시민' 모토는 포스코가 2018년에 처음 도입한 것으로, 기업이 사회와 더불어 성장하는 길을 찾고자 하는 노력의 일환이라고 할 수 있다. '제철보국'이 국가 경제 발전을 위한 철강 생산에 초점을 맞추었다면, '기업시민'은 이를 넘어서 전 지구적 차원에서 책임을 다하는 기업의 역할을 강조하고 있다. 포스코는 환경보호, 지역사회 기여, 그리고 사회적 책임을 다하는 글로벌 기업으로 거듭나기 위한 비전을 제시하고자 한 것이다.

송호근은 공유시민과 사회국가 사이에서 징검다리 역할을 하는 것이 바로 '기업시민'이라고 말한다. 이 말은 기업도 '더불어 사는 시민 정신'을 가져야 한다는 말이다. 기업은 흔히 실행하는 기부활동이나 봉사활동 같은 소극적 차원을 넘어서 기업 스스로 사회적 책무를 개척하고 실천하는 조직행위자가 되어야 한다. 국가가 불평등을 낮추는 특정 정책을 강요하기 전에 기업이 먼저 제안해 실행하는 적극적 행위자로 나서야 하는 것이다.[42]

기업이 사회적 문제를 모두 떠안을 수는 없고, 그것을 모두 해결할 위치에 있는 것도 아니다. 또한, 기업이 그런 행보를 취하기에는 한국의 제도적 기반이 매우 취약하다. 노조의 이익집단화, 소극적 행보에 머무는 대기업 간 이익투쟁의 악순환의 고리를 어떻게 바꿀 것인지가 화두로 떠오를 수 있다. 어려운 상황에도 불구하고 기업이 먼저 공동체적 책임 정신을 발휘할 수 있도록 어떻게 물꼬를 틀 지가 중요하다고 할 수 있다. 송호근은 포스코가 독일 기업의 사례처럼 적극적 차원에까지 기업시민 정신을 발휘하고 있는 것은 아니지만, 그럴 개연성이 충분히 있다는 것은 분명하다고 평가한다.[43]

기업시민의 가장 일반적인 형태는 문화재단, 사회공헌재단, 장학·학술재단 등 여타 대기업에서 흔히 채택하는 사회공헌활동 방식이다. 포스코도 '포스코 청암재단'을 설립해 학술·교육사업을 매우 적극적으로 전개하고 있다. 아시아국가 학생들을 유치해 교육 기회를 제공하는 사업은 장기적 안목에서 매우 중요한 의미가 있다. 송호근은 '1% 나눔재단', '임직원 솔선 솔루션 마케팅', '인재창조원의 기술교육'

---

42. 송호근, 『혁신의 용광로 – 벅찬 미래를 달구는 포스코 스토리』, ㈜나남, 348쪽.
43. 위의 책, 349쪽.

등에 대해 언급하면서 공헌 활동의 아이디어가 참신할 뿐
아니라, 재원 마련에서도 자발적 참여를 전제로 한다는 점에
서 주목할 만하다고 말한다.[44]

　제철보국에서 기업시민으로의 움직임 속에 포항제철소
제1고로의 태동과 성장, 그리고 퇴역이 함께했다는 것은 중
요하다. 제1고로는 철의 도시의 산업문화콘텐츠가 무엇인지
에 대한 질문에 답하고 있다. 제1고로는 48년 6개월 동안 대
한민국의 중추적 산업을 뒷받침하는 철강의 역사를 썼다. 제
1고로는 우리나라 산업 성장기의 역사를 대변하고 있다. 산
업도시 포항은 제1고로의 역사를 새로운 관점에서 계속해서

---

44. 송호근은 포스코가 기업시민을 실천하는 세 가지 방식으로 다음의 내용을 사례로 들고 있다. 첫째,
'포스코 1% 나눔재단'은 외견상 여타 문화재단이나 사회공헌재단과 유사해 보이지만 활동내용이
나 기금모금 방식에 있어 차이가 난다. 활동내용은 크게 세 파트로 구분되는데 개발도상국사업, 전
통문화 계승사업, 미래세대 지원사업이 그것이다. 둘째, 임직원이 고선하는 솔루션 마케팅이다. 솔
루션 마케팅이란 포스코 제품을 쓰는 고객회사가 설비를 갖추고 제대로 가동할 때까지 모든 공정
에 필요한 현장기술을 가르치고 노하우를 제공하는 서비스를 말한다. 일종의 고객 상대 서비스이
다. 기술인력이 부족한 중소기업에 기술자 고용비용은 물론 생산원가를 절감할 수 있는 기회를 제
공하는 것이다. 대기업-중소기업 간 상생관계를 임원과 연구진, 기술자가 현장으로 파견돼 직접 구
현하는 방식이다. 셋째, 인재창조원의 기술교육이다. 대기업들은 사내 인재개발원이나 인재교육
원을 개설해 운영하는 것이 보통이다. 포스코의 인재창조원도 그런 기능을 수행하는데, 앞에서 살
핀 노동시장 기제의 공적 역할을 담당한다는 점에서 특기할 만하다. 노동시장 기제는 보통 정부가
관할하는 국가 차원의 노동력 관리 및 훈련 기구이다. 독일 연방고용청, 스웨덴 노동시장국이 그러
하다. 전국 노동시장을 하나의 통합관리망으로 묶어 실업자와 구직자를 관리하고, 재취업자에게는
직업훈련을 해 준다. 위의 책, 350~355쪽.

써 나가야 한다. 산업문화콘텐츠로서의 제1고로의 스토리텔링이 절실하게 들려질 때 제철보국에서 기업시민을 넘어 새로운 미래를 준비하는 포스코의 행보가 빛을 발할 수 있다.

포스코는 '지속가능경영'이라는 새로운 방향으로 나아가고 있다. 지속가능경영은 ESG Environmental, Social and Governance 전략을 통해 실현되고 있다. 포스코는 'Better World with Green Steel'이라는 비전을 통해 탄소중립을 선도하며 철의 새로운 가치 창조를 통해 지속 성장을 꾀하고 있다. 이러한 비전 달성을 위해 철강 산업에 내재된 ESG 리스크 요인을 선제적으로 발굴하여 개선하고 동시에 이해관계자들의 ESG 요구를 토대로 철이 가진 미래지향적 가치를 찾아 지속 가능한 경쟁력을 확보하고자 노력하고 있다. 경영 체계 측면에서는 공정하고 투명한 지배구조 확립, 준법 경영 관리 체계 강화, 글로벌 기준에 맞춘 윤리경영 고도화 등을 통해 이해관계자들로부터 신뢰받는 경영 체계를 구축하고자 한다. 이러한 내용을 포스코는 'GREEN Framework'라고 이름 붙이고 있다.[45]

---

45. 포스코 홈페이지, "ESG 전략" 참조.

뜨거운 용광로에서 밝은 빛을 비추는 등대로 변신한 포항제철소 제1고로는 포스코의 기업 정신과 가치를 이끌어주고 있다. 제철보국의 신념과 기업시민의 가치를 넘어서 지속가능경영의 비전을 향해 나아가는 포스코의 미래를 향한 여정에는 여전히 포항의 대표적 산업문화콘텐츠인 '포항 1고로'가 서 있다. 포항 1고로는 역사적 상징물에 머물지 않고, 산업적 정체성과 미래적 비전을 제시하며 유무형적 가치를 더욱 높이고 있다.

그런데 포스코에서는 제1고로의 실질적인 활용 가능성을 놓고 고민이 길어지는 듯 보인다. 1고로가 생산을 종료한 지 2년여가 지났지만 어떻게 활용할지를 놓고 포스코가 아직 결정을 내리지 못하고 있다. 방향은 정해진 것 같다. 1고로의 역사적 가치와 의의를 고려해 철강역사박물관인 '포항 1고로 뮤지엄'으로 개조한 뒤 일반인들에게 공개하겠다는 것이다. 다만, 1고로를 박물관으로 만들더라도 현재 자리에 둘지, 다른 지역으로 옮겨서 만들지를 놓고 고심을 거듭하고 있다고 한다. 현장에 둘 경우에는 제철소의 보안이 문제이고, 외부로 옮길 경우에는 부지 확보와 이전 비용 등이 문제이다.[46]

필자는 이 책을 통해 새로운 관점의 제안을 하고 싶다. '포항 1고로 뮤지엄'이라고 이름 붙여 운영하는 것도 좋은 생각이지만, 조금 더 외연을 넓혀 보면 어떨까? 예를 들어, '포항 1고로 테마파크'로 조성하는 것이다. '포항 1고로 테마파크' 안에 1고로를 비롯해 국내외 스틸 아트 작품들을 함께 전시한다면 특색 있는 테마파크가 될 수 있을 것이다. 1고로를 원형을 유지한 채 이전하여 관람객들이 그 안을 자유롭게 둘러볼 수 있도록 꾸민다면 세계적인 명소가 될 수 있다.

'포항 1고로 테마파크'에 이 책에서 이미 제안한 바 있는 '대나무 생태 공원'을 결합하는 것도 생각해 볼 수 있다. 1고로 주변에 대나무 숲을 조성하고 이성지의 예언적 시를 시비로 만든다면 과거와 현재, 미래가 연결되는 상상력을 불러일으킬 수 있다. 고로의 붉은색과 대나무의 푸른색은 서로 어우러지면서 산업과 자연, 과거와 미래가 어우러지는 색다른 이미지를 연출할 수 있다. 우리나라와 세계의 철강 역사와 문화를 한눈에 볼 수 있는 철강 역사문화관을 함께 건립한다면 테마파크의 콘텐츠는 더욱 풍부해질 것이다.

46. 손대성, 「불꺼진 포항제철소 1고로 어떻게 활용할까…2년여째 고민」, 『연합뉴스』, 2024. 2. 11.

'포항 1고로 테마파크'가 송도 지역과 같이 바다에 인접한 곳에 조성되어 해상정원과 연결된다면 시너지 효과는 더욱 커질 수 있다. 포항은 동해 바다를 천혜의 자원으로 갖고 있기에 이를 잘 활용할 필요가 있다. 물론 해상정원과 테마파크를 연계시키기 위해서는 지자체와의 긴밀한 협의 및 중앙 정부의 재정 지원 등을 고려해야 할 수 있다.

'포항 1고로 테마파크' 조성은 1고로의 이전 비용이나 부지 확보 등 현실적인 문제를 해결해야 가능할 것이다. 기업의 재원 출연뿐만이 아니라 지자체 혹은 국가의 재정 지원이 필요할 수도 있다. 그렇지만 산업문화콘텐츠로서의 포항 1고로의 유무형적 가치가 포항 지역에 국한되는 것이 아니라 국가 전체로 확장되어 공유될 수 있다는 점을 충분히 인식해야 한다. 1고로는 대한민국 경제국보 1호의 위상뿐만이 아니라 그 모습 자체로 '스틸 아트'로서의 가치도 지니고 있기에 반드시 원형이 보존된 채 활용되어야 할 것이다.

'포항 1고로'의 스토리텔링은 단순히 과거를 회고하는 데 그치지 않는다. 이는 포스코와 포항이 함께 걸어온 길을 복기하고, 그 길이 어떻게 새로운 미래로 이어질지를 고민하는 과정이다. 1고로는 포스코의 '제철보국' 신념과 '기업시민'의 사회적 책임을 넘어서 '지속가능경영'의 비전으로 도약하는 길에 이정표가 되고 있다. 지역민과 전문가, 기업과 지자체 등의 집단지성을 통해 가장 효과적인 활용 방안을 찾아서 '포항 1고로'의 유무형적 가치가 후대에도 계승될 수 있도록 해야 할 것이다.

3부

천년 고도의 땅에서
'최부자'가 답하다

: 경주의 역사문화콘텐츠 스토리텔링

1

천년 고도, 노블레스 오블리주를 말하다

코로나-19 바이러스가 전 세계로 확산하는 중에 대한민국의 봉준호 감독이 만든 영화 〈기생충〉이 세계인들에게 큰 반향을 불러일으켰다. 2019년 5월 25일, 제72회 칸 영화제에서 황금종려상을 받은 데 이어 2020년 2월 9일에는 아카데미 영화제에서 작품상, 감독상, 각본상, 국제장편영화상 등 4관왕에 오르는 기염을 토한 것이다. 가히 '기생충 신드롬'이라고 부를 만한 문화예술계의 경사였다. 한국 영화가 예술성과 대중성을 모두 인정받고 아시아를 넘어서 세계 무대를 제패한, 가슴 뿌듯한 사건이라고 하지 않을 수 없다.

그렇다면, 왜 세계는 봉준호 감독이 시나리오를 쓰고 메가폰을 잡은 이 영화에 열광한 것일까? 여러 가지 이유가 있 겠지만, 많은 사람들이 언급했던 것은 동시대를 살아가는 세 계인이 공감했던 '부의 양극화'라는 주제 의식이었다. 시간 이 갈수록 점점 더 벌어지는 부자와 빈자의 사회적 간극을 지상과 지하로 구분된 부잣집의 공간적 구조를 통해서 상징 적으로 나타낸 것이 바로 영화 〈기생충〉이었다.

영화 〈기생충〉은 부의 양극화 문제를 통해 현대 사회의 계층 간 불평등을 적나라하게 드러냈다. 이 영화에서는 부유 한 가족과 가난한 가족의 삶이 극명하게 대비되는데, 이는 물리적 공간뿐 아니라 사회적 위치에서도 극단적인 차이를 보인다. 영화에서 집주인인 박 사장(이선균 분) 가족이 거주하 는 현대적이고 고급스러운 저택은 높은 곳에 있지만, 박 사 장의 운전사인 기택(송강호 분) 가족의 반지하 집은 낮은 곳에 있다.

두 가족이 존재하는 공간적 차이는, 곧 계층적 거리를 상 징하며, 이들이 마주하는 삶의 현실과 한계를 은유하고 있 다. 부유층은 우아한 공간에서 여유로운 삶을 즐기지만, 빈 곤층은 끊임없이 고난과 생존의 압박에 시달려야 한다. 이러 한 공간적 대비는 영화 미학적으로도 중요한 역할을 하며,

부의 양극화 문제를 시각적으로 설득력 있게 전달하고 있다.

또한, 이 영화는 경제적 격차로 야기되는 부의 양극화가 인간성까지 왜곡시키는 사회적 문제를 그려 낸다. 박 사장 가족의 부유한 일상 속으로 침투하기 위해 기택의 가족이 도덕적으로 허물어져 가는 과정은 매우 극단적이다. 그러나 필사적인 노력에도 불구하고 기택 가족은 계층 간의 벽을 넘지 못하고 결국 파국으로 치닫는다. 영화의 마지막에서 일어나는 폭력적 충돌은 계층 간의 긴장이 폭발하는 순간을 상징적으로 나타낸 것이라고 할 수 있다.

봉준호 감독은 〈기생충〉에서 부유층과 빈곤층 사이에 존재하는 불평등이 개인의 노력만으로는 해결되지 않으며, 사회 구조적으로 해결해야 할 문제임을 보여 주고 있다. 영화 미학적으로도 빛과 어둠, 지상과 지하 등의 대비를 통해 부의 양극화가 초래하는 사회적 불안과 비극을 직관적으로 체감하게 해 주고 있다.

블랙 코미디적 특성을 갖고 있는 〈기생충〉을 보는 관객들은 영화가 끝날 무렵에는 '씁쓸한 재미'를 느낀 채 영화관을 나오게 된다. 이러한 감정을 느끼게 되는 것은 이 영화가 우리 사회의 구조적 현실을 극단적인 방식으로 형상화했기 때문이다. 물론, 이 영화는 빈자와 부자를 선과 악의 대립 구도로 묘사하고 있지는 않다. 단지 빈자와 부자가 한 공간에서 밀착해서 생활하게 될 때 벌어지는 '불편한 현실'을 보여주고 있을 따름이다.

봉준호 감독이 영화의 마지막 컷을 찍고 그 다음날 바로 해체시켜 버렸다는 500평 크기의 부잣집 세트장(영화에서 남궁현자라는 건축가가 직접 지었다는 고급 양옥집)은 아마 이 영화를 본 사람들의 뇌리에 아주 오랫동안 기억될 것이다. 그리고 그 부잣집은 부자와 빈자 간의 수직적 간극을 상징하는 원형적 공간으로 인식될 것이다.

그렇다면 부자와 빈자 사이의 간극은 이어질 수 없는 크레바스와도 같은 것인가. 이러한 고민과 문제의식으로 사회 현실을 바라보면 해결책은 요원해 보인다. 그런데 공시적共時的으로 바라보던 시선을 잠시 통시적通時的으로 전환하면 신라의 천년 고도 경주에서 새로운 차원의 공간이 펼쳐지는 것을 발견할 수 있다. 부자와 빈자의 크레바스가 메워지는 그곳은 바로 경주 교동에 있는 최부잣집 고택이다.

경주 최부자댁慶州 崔富者宅은 경주시 교동에 소재한 만석꾼 경주최씨 집안의 가옥으로 1971년 5월 27일 국가민속문화

유산으로 지정되었다. 경주 최부잣집은 400년 동안 9대 진사와 12대 만석꾼을 배출한 집안이다. 현재 고택이 위치한 곳은 신라시대 요석공주가 살았던 요석궁 터라고 전해지는데, 최언경(崔彦憼, 1743~1804)이 이곳에 터를 잡아 정착하여 약 200년을 이어져 내려왔다. 이전까지는 최부잣집의 파시조派始祖인 최진립崔震立부터 약 200년 동안 경주시 내남면에서 7대를 살다가 교동으로 이전하였다.[47]

필자는 경주 최부자댁이 우리나라 부잣집의 진정한 원형이라고 생각한다. 서울 강남의 고가 아파트나 영화 〈기생충〉에 나오는 고급스러운 주택이 부잣집을 상징하는 시대이지만, 오히려 역설적으로 경주 최부자댁은 부잣집의 원형적 이미지를 시대를 초월해서 보여 주고 있다. 경주의 수많은 문화콘텐츠 중에서 필자가 최부자댁에 주목하는 것은 부의 양극화가 전 세계적인 사회 문제로 부상한 작금의 시대에 경주 최부잣집이 노블레스 오블리주의 정신을 나타내고 있기 때문이다. 노블레스 오블리주의 정신이 깃든 경주 교동 최부자댁은 글로컬 역사문화콘텐츠로서의 의미와 가치를 지니

47. 두산백과 두피디아, "경주 최부자댁" 참조.

고 있다고 할 수 있다.

　우리나라의 내로라하는 부촌에 있는 부잣집들은 세월이 변함에 따라 그 가치가 변해갈 것이다. 새로운 부촌이 떠오르고, 새로운 부자들이 나타날 것이다. 그렇다면 명멸하는 부자의 가문 중에서 대한민국 국민들의 뇌리에 각인된 노블레스 오블리주의 가문은 얼마나 될까? 필자는 대한민국 노블레스 오블리주의 연대기에서 단연 손꼽히는 가문은 12대 만석꾼 집안이었던 경주 최부잣집이라고 생각한다. 경주 최부잣집은 민족 독립과 후세대 교육을 위해 전 재산을 기부하고 스스로 만석꾼 집안의 막을 내렸기에 세계에서 유례가 없는 경우라고 하겠다.

　그렇다면 최부잣집은 서라벌徐羅伐로 불렸던 신라의 천년 고도古都에서 2020년대를 살아가고 있는 현대인들에게 어떤 메시지를 전하고 있을까? 경주의 역사문화콘텐츠로서 최부잣집 고택이 우리에게 말해 주고 있는 스토리텔링은 부자와 빈자가 함께 공존했던 수평적 공생에 대한 것이다. 경주 최부잣집의 노블레스 오블리주 스토리텔링은 신라 천년에서 또다시 이어지는 새로운 천년에도 그 가치가 변하지 않을 부자의 도덕적 의무와 사회적 책임의 정신적 유산을 전하고 있다.

경주 최부잣집의 이야기가 현대인들에게 중요한 의미가 있는 이유는 그들이 부富에 대해서 가졌던 생각이 자신들만을 위한 것이 아니라, 사회 공동체에 대한 공공 정신과 철학을 바탕으로 하고 있기 때문이다. 최부잣집은 12대에 걸쳐 400년이 넘는 세월 동안 부를 유지하면서도, 그 부를 사회적 책임감으로 인식한 것으로 유명하다. "벼슬은 진사 이상을 하지 말라"는 가훈은 가족 구성원들에게 높은 권력을 탐하지 말 것을 당부한 것이었으며, "재산은 만 석을 넘기지 말라"는 가르침은 재산 축적에 대한 탐욕을 경계한 준엄한 원칙이었다. 최부잣집의 이러한 정신은 부가 개인의 영달을 위한 수단이 아니라, 공동체와 나누어야 할 사회적 책무임을 일깨워 주고 있다.

경주 최부잣집이 전하는 이러한 교훈은 현대 사회에서 더욱 중요한 메시지를 전달한다. 오늘날 부의 양극화와 경제적 불평등이 심화하면서 사회적 갈등이 고조되고 있는 상황에서, 최부잣집이 실천했던 노블레스 오블리주는 부유한 이들이 사회적 책임을 다할 때 공동체의 평화와 번영이 가능하다는 사실을 보여 준다. 이는 경제적·사회적 자원이 불평등하게 분배되고 있는 현대 사회에서 더욱 절실하게 요청되는 가치라고 할 수 있다.

'노블레스 오블리주Noblesse Oblige'는 프랑스어로 높은 사회적 신분에 상응하는 도덕적 의무를 뜻하는 말이다.[48] 이 말에 따르면 높은 사회적 지위나 부를 가진 사람들은 그에 따른 사회적 책임과 도덕적 의무를 다해야 한다. 이 개념은 개인적으로 요구되는 윤리 의식을 넘어서 사회 공동체에 대한 공적인 책임 의식을 강조한다. 사회가 발전하면서 부와 지위가 사회적 자본으로 여겨지고, 이를 가진 이들이 공공선에 기여해야 한다는 기대가 자연스럽게 형성되었다. 노블레스 오블리주는 현대 사회에서 더욱 강조되고 있는데, 경제적 불평등과 양극화의 문제 해결을 위한 중요한 가치로 인식되고 있다.

현대 사회에서 노블레스 오블리주는 경제적 불평등과 관련된 문제를 해결하는 중요한 원칙으로 작용할 수 있다. 부유층이 사회적 책임을 다하고, 자신들의 자산을 공동체의 발

---

48. '노블레스'는 '고귀한 신분(귀족)'이란 뜻이고, '오블리주'는 동사로 '책임이 있다'는 의미이다. 역사적으로 '노블레스 오블리주'라는 말을 처음 사용한 사람은 프랑스의 작가 가스통 피에르 마르크(Gaston Pierre Marc)로 알려져 있다. 그는 고귀한 신분에 따르는 사회적 의무를 강조하면서 1808년에 이 용어를 처음으로 썼다. 예종석, 『노블레스 오블리주-세상을 비추는 기부의 역사』, 살림출판사, 2019, 3~4쪽.

전과 복지에 환원하는 것은 경제적 안정과 사회적 연대를 촉진하는 역할로 볼 수 있다. 많은 기업가와 자산가들이 기부와 사회 공헌 활동을 통해 이 원칙을 실천하고 있으며, 이는 자본주의 사회에서 경제적 불평등을 완화하는 중요한 기제로 작용할 수 있다.

노블레스 오블리주는 부와 권력이 개인적 성취의 결과로 축적되었다고 하더라도, 이를 통해 사회적 책임을 다할 때 그 진정한 가치를 발휘한다는 것을 의미한다. 유럽 정신사에서 출발한 이 개념은 오늘날에도 경제적·사회적 불평등 문제를 해결하기 위한 철학적 개념으로 자리 잡고 있다. 이를 통해 사회의 고위층이 공동체에 기여하고, 사회적 통합과 연대를 이루는 것이 가능해진다. 노블레스 오블리주는 현대 자본주의 사회에서 지속 가능한 발전을 위한 기초가 된다고 할 수 있다.

천년 고도, 서라벌 땅에서 전해지는 최부잣집의 노블레스 오블리주 스토리텔링은 역사문화콘텐츠로서의 큰 잠재력을 지니고 있다. 만석꾼 경주 최씨 집안이 실천했던 사회적 책임과 나눔의 정신이 오늘날에도 공감할 수 있는 보편적인 가치이기 때문이다. 이러한 스토리텔링은 경주의 역사적·

문화적 배경과 결합하여 관광 및 교육 콘텐츠로서의 가치를 높여줄 수 있다. 최부잣집이 보여 주는 부의 사용과 사회적 책임에 대한 이야기는 젊은 세대에게도 교훈과 영감을 줄 수 있다. 따라서 최부잣집의 이야기를 바탕으로 다양한 관광 및 교육 프로그램을 지속적으로 개발해 나가는 것이 필요하다. 최부잣집의 역사문화콘텐츠 스토리텔링은 과거의 전통을 현대적 관점에서 긍정적으로 재해석할 수 있는 계기가 될 것이기 때문이다.

천년 고도 서라벌에서 배출한 최부자 가문의 역사는 세월이 지날수록 더욱 새롭게 느껴진다. 그것은 현재를 살아가는 사람들이 현실의 문제를 해결하기 위해 찾아 나선 길에서 최부자 가문의 역사와 마주하기 때문이다. 최부자 집안의 노블레스 오블리주 정신이 배어 있는 경주 교촌 최부자 고택은 대한민국의 매우 귀중한 문화적·정신적 자산이다. 그것은 역사적 실체이면서 또한 상징적인 존재감을 갖고 있는 문화콘텐츠이다. 부와 권력에는 사회적 책임이 따른다는 매우 명료한 사실을 역사의 큰 울림으로 전하고 있는 경주 최부잣집의 노블레스 오블리주 정신은 새로운 천년으로 이어질 우리 민족의 자랑스러운 역사문화콘텐츠 스토리텔링이다.

2

가훈에 새겨진 최부잣집 부의 스토리텔링

경주 최부잣집 가문의 대를 세는 방식에는 여러 견해가 있다.[48]
가장 일반적으로 알려진 것은 10대와 12대의 구분이다. 10대
와 12대의 구분은 실제로 만석꾼이 되었던 때가 언제이냐를
중심으로 하고 있다. 만석꾼이란 문자 그대로 1만 석의 벼를
생산할 수 있는 토지를 소유하고 있는 부자를 의미한다. 조
선 후기 토지 생산력으로 만석꾼이 되려면 약 2백만 평 이상

---

49. 전진문은 경주 최부자를 세칭 9대 만석꾼으로 부르는 경우와 10대 만석꾼 또는 12대 만석꾼으로
부르는 경우가 있다고 지적하고 있다. 경주최씨 교동 종친회에서 간행한 책과 조용헌 교수의 책에
서는 세칭 12대 만석꾼이라고 기록하고 있고, 경상북도 교육위원회에서 발간한 『내고장 경상북도』
(역사편)와 이수락 선생의 글에서는 10대 만석꾼이라고 기록하고 있으며 최해진 교수의 논문에서
는 세칭 9대 만석꾼으로 보고 있다는 것이다. 전진문, 『경주 최 부잣집 300년 富의 비밀』, 황금가지,
2004, 23쪽.

의 논이 필요했던 것으로 알려져 있다.[50] 문자 그대로의 만석
꾼은 최부자 가문의 7대와 8대를 거치면서 이루어졌다는 견
해도 있다.[51]

최부자 가문의 1대인 최진립과 2대인 최동량 때에는 만
석꾼의 정신적 기초를 놓은 것으로 평가하는 경우가 많다.
최부자 가문이 명실상부한 부자의 반열에 오른 것은 3대 최
국선 때이다. 최국선은 황무지 개간과 이앙법을 전면 실시
하면서 엄청난 토지를 확보했다. 그런데 당시는 전란을 거
친 후라서 일반 백성들은 극도로 궁핍한 삶을 살 수밖에 없
었던 때였다. 이러한 이유로 부자들은 명화적(明火賊, 횃불을
들고 부잣집을 습격하던 도적 무리)의 표적이 되었다. 이러한 시국
상황에서 최국선은 큰 재산에는 공적 성격이 있다는 생각을
하게 되었다. 만석꾼과 같은 큰 부자에게는 사회적 책임이
따른다는 것을 깨달은 것이다.[52]

최국선 역시 명화적의 습격을 받은 적이 있었다. 1665년

---

50. 경주최부자민족정신선양회, 『경주최부잣집 이야기』, 예술과마을, 2023, 225쪽.
51. 조철제는 경주 최부자 가문 3대 최국선이 5, 6천 석의 부를 이뤘다고 보면서, 실질적 만석의 부는 7대 최언경과 8대 최기영 부자 대에 이르러 달성하였다고 보고 있다. 조철제, 「경주 최부자대의 역사와 의의」, 『새로 찾은 경주 최부자대-근현대 기록물 연구 학술심포지엄 자료집』, 2021. 2. 19, 9쪽.
52. 경주최부자민족정신선양회, 앞의 책, 226~228쪽.

(현종 4년) 8월 3일 밤 2경에 100여 명의 화적떼가 최국선의 집으로 쳐들어온 것이다. 화적떼에는 소작농과 그 아이들, 그리고 종들도 뒤섞여 있었다. 그런데 이들이 강탈해 간 것은 곡식보다 장리로 빌려 간 차용증서가 중심이었다. 최국선이 임종 때 돈을 빌려준 이들에게 받아놓은 모든 담보 채권을 소각케 한 것은 이 사건의 영향으로 말미암은 것이다.[53]

화적떼에게 습격당한 이후에 최국선은 부자와 소작인이 서로 상생할 수 있는 방법은 없을까 고민하기 시작했다. 그리고 그가 생각해 낸 것은 당시로서는 매우 파격적인 것이었다. 바로 소작인과 지주가 수확량을 1:1로 나누는 반분작半分作 소작 형태인 '병작반수제並作半收制'를 실시한 것이다. 경주 최부자 가문의 반분작 전통은 이후 계속해서 이어지면서 최부자 가문의 정신적 근간이 되었다. 반분작 소작 형태는 '단 갈림'으로도 알려졌는데, '단 갈림'은 수확한 볏단을 세워 놓고 소작인과 지주가 반으로 갈랐다고 해서 붙여진 이름이다.[54]

최국선이 매우 파격적인 결정을 할 수 있었던 이유는 부

53. 조철제, 앞의 논문, 16쪽.
54. 경주최부자아카데미 최창호 이사와의 인터뷰. 2024. 11. 23.

친 최동량과 조부 최진립의 정신적 영향이 컸기 때문이다. 그의 조부인 최진립은 임진왜란에 이어 병자호란 때 나라를 위해 싸우다 순국한 인물이었다. 그리고 부친 최동량은 최진립의 제사를 지낼 때 충노忠奴 두 명의 제사도 함께 지냈다고 한다. 당시 사람 취급을 못 받던 노비의 제사를 선친의 제사와 함께 지냈던 집안이기에 최국선은 상생과 공존의 병작반수제를 실천할 수 있었던 것이다. 이러한 이유로 경주 최부자 가문은 큰 부를 이루고 만석꾼으로 불린 10대와 그 이전에 부자의 정신적 기반을 다진 2대를 합쳐서 12대로 보는 견해가 타당해 보인다.

12대설을 보다 타당한 것으로 보는 것은 최부잣집의 역사를 재산 축적과 세습으로만 보지 않고, 이들 가문이 사회적 책임과 부자의 윤리적 가치를 대물림했던 정신적인 측면까지 고려한 것이다. 나라와 민족을 위해 재산을 정리하고 만석꾼 집안의 역사를 자청해서 끝낸 12대 최준에게는 선대의 정신적 유산이 오롯이 계승되고 있었다. 만석꾼 최부자 가문을 12대로 보는 견해는 경제적 관점만이 아닌, 정신적 유산의 지속성을 고려하는 측면이라고 할 수 있다.

경주 최부잣집의 시조는 최진립(崔震立, 1568~1636)이다.

본관이 경주慶州인 최진립은 조선 중기의 무신이었다. 그의 자는 사건士建이고, 호는 잠와潛窩이며, 시호는 정무貞武이다. 그래서 최진립을 정무공貞武公이라고 부른다. 그는 1592년(선조 25년) 임진왜란이 일어나자 동생 계종繼宗과 함께 의병을 일으켜 전공을 세우고, 1594년 무과에 급제, 부장部長을 제수받았으나 신병으로 사직했다. 1597년 정유재란丁酉再亂이 일어나자 결사대를 조직, 서생포西生浦에 침입한 왜적을 무찌르고, 이어 도산島山에서는 권율權慄과 함께 대승을 거두었다. 1630년(인조 8년) 경기 수사水使로서 삼도수군통제사三道水軍統制使를 지낸 최진립은 1634년(인조 12년)에는 전라수사를 거쳤다. 1636년 공주영장公州營將으로서 병자호란을 맞자 용인 험천險川에서 청군과 싸우다 전사했다. 1637년 병조판서에 추증되었고, 1647년에는 청백리淸白吏에 녹선되었다. 정무공 최진립은 경주의 숭렬사崇烈祠, 경원의 충렬사忠烈祠 등에 제향되었다.[55]

경주 최부잣집의 시조가 무장이라고 하니 다소 의아한 사람들도 있을 것이다. 중요한 것은 최진립이 부모에 대

55. 한국정신문화연구원, 『한국인물대사전』, 중앙M&B, 1999, 2303쪽 참조.

한 효성도 지극했지만, 나라에 대한 충성심 역시 타에 귀감이 되었다는 사실이다. 최진립은 그의 나이 25세가 되던 때에 임진왜란이 발생하자 의병을 일으켜서 왜군과 싸웠다. 병자호란이 일어났을 때에도 청군에 항전했다. 당시 최진립은 69세의 고령이었지만, 마지막까지 최전선에서 적과 싸우다 숨을 거두었다.

최진립의 셋째 아들이었던 최동량(崔東亮, 1598~1664)은 부친 최진립이 전사한 후에 3년 동안 묘지 옆에서 움막을 짓고 공양을 드리는 일이 끝나자 부친의 업적을 기록하는 일에 몰두했다. 그러던 중, 최동량은 최진립이 즐겨 보던 병서를 읽다가 우연히 편지 한 통을 발견했다. 그 편지에서 최진립은 아들 최동량에게 다음과 같은 유훈을 남기고 있었다. 그 주된 내용은 나라에 충성을 다해야 한다는 것과 함께 학문을 게을리하지 말고 과거를 보되 진사 이상의 벼슬은 하지 말라는 것이었다. 최진립은 그의 아들에게 과거를 보아야 하는 이유를 설명했는데, 그것은 가문과 재산을 오랫동안 지키려면 양반의 신분이 필요하다는 것이었다.

그러나 권력에 욕심을 부리지 않기 위해서 진사 이상의 벼슬은 절대로 하지 말라는 것을 강조했다. "진사 이상의 벼슬을 하지 말라"는 유훈은 이후 최부잣집의 주요한 가훈으로 내려오게 되는데, 그 유훈의 시조가 바로 최진립이었던 것이다. 최동량은 부친의 유훈을 받드는데, 이 유훈은 최부자 가문의 정신적 기반이 된다.

소작인을 대하는 최동량의 태도는 그의 맏아들 최국선(崔國璿, 1631~1682)에게도 이어졌다. 당시의 양반들은 직접 농사를 짓지 않고 한양이나 큰 읍에 따로 살면서 농사의 관리를 마름에게 맡겼다. 마름은 소작인을 감독하고 농사에 관한 모든 것을 토지의 소유주인 양반을 대리해서 집행했는데, 그러다 보니 소작인의 생사여탈권을 쥔 마름의 횡포가 도를 넘는 경우가 많았다.

그런데, 최국선은 마름을 따로 두지 않았다. 마름의 횡포로 인해 소작인들이 고통받는 것을 누구보다 잘 알고 있었기 때문이었다. 최국선은 소작인에게만 농사를 맡기지 않고 직접 농사일에 나서며 농업 기술을 익혔다. 그 결과 당시 '직파법直播法'을 사용하던 농사 기술 대신 '이앙법移秧法'을 활용해서 큰 수확을 거두었다. 그는 가뭄과 홍수의 피해를 방지하기 위해 부친이 정비해 놓은 개천을 잘 유지했다.

최국선은 최부잣집의 가훈을 후손들에게 가르쳤다. 그중

에 하나가 "며느리들은 시집온 후 3년 동안 무명옷을 입어라"는 것이었다. 최국선의 부인도 이 가훈을 실천하며 며느리들의 본이 됐다. 최국선이 시집온 며느리들에게 비단옷 대신 무명옷을 3년 동안 입게 한 것은 최씨 집안의 가풍인 근검절약을 몸에 익히게 하기 위해서였다. 그는 제사도 정성으로 지내는 것을 강조했고, 지나치게 사치스러운 제사를 지내지 않게 했다. 또한, 최국선은 큰 흉년이 들었을 때 농민들이 채무를 못 갚게 되자 안타까워하며, 아들 최의기 앞에서 담보문서를 모두 불태워 버리기도 했다. 그는 거지들에게도 음식을 베풀어 주었으며, 보릿고개를 지날 때에는 쌀을 굶주린 이웃에게 나눠주었다. "사방 백 리 안에 굶어 죽는 사람이 없게 하라"는 최부잣집의 가훈은 최국선이 그의 자손들에게 늘 강조했던 가르침이었다.

경주시 내남면 이조리 충의공원에 있는 '활인당活人堂'에서는 최국선의 가르침이 실현된 자취를 볼 수 있다. 활인당은 최국선이 문중과 의논하여 사방 100리 안에 굶어 죽는 사람이 없게 하겠다는 신념으로 이조리 동네 어귀에 초가집을 짓고 곳간을 열어 죽을 쑤어 굶주린 사람들을 구휼했던 곳이다. 경주 최부자 가문의 상생과 나눔 정신의 시발점이 된 활인당은 교촌으로 최부자 가문이 이사한 후에도 지속되었으며, 6·25 전쟁 때에도 수많은 피난민을 먹여 살림으로써 최부잣집 노블레스 오블리주의 상징이 되었다.

그런데, 왜 최국선은 '사방 100리'라고 표현했을까? 대강 어림잡아 헤아린 범위였을까? '사방 100리'라는 범위는 넓은 지역을 가리키는 의미일 수 있겠지만, 실제적인 이유도 있었던 것으로 보인다. 경주를 중심으로 백 리라 함은 동으로는 감포, 동북으로는 포항, 서북으로는 영천, 남으로는 밀양에 이르는 넓은 지역이라고 할 수 있다. 그런데 사람이 하루에 도보로 걸을 수 있는 최대 거리가 대략 200리 정도라고 볼 때, 아침 일찍 나섰다가 저녁 무렵 돌아갈 수 있는 거리가 대략 100리이다. 또한 여기에 최부잣집의 논밭이 멀리는 100리 떨어진 곳에도 있었기 때문이라고 볼 수도 있다.[56] 결국 100리는 식량을 구하기 위해 최부잣집을 하루에 다녀갈 수 있는 거리로 최부자 가문의 구휼이 현실적으로 미칠 수 있는 공간을 의미한다고 할 수 있다.

최국선의 둘째 아들 최의기(崔義基, 1653~1722)는 선대에

---

56. 전진문, 앞의 책, 93~94쪽.

이어 많은 부를 이루었지만, 진사 시험에는 끝내 합격하지 못했다. 진사 시험 준비에 지친 몸과 마음을 추스르기 위해 여행을 떠났던 최의기는 돌을 모으는 동시에 계속해서 버리는 수행을 하고 있던 설악산의 어느 노스님을 만나 큰 깨달음을 얻는다. 그는 자신이 비록 진사가 되지는 못했지만, 이미 많은 재산을 가지고 있기에 더 큰 욕심을 내서는 안 된다고 생각한다. 여행에서 돌아온 최의기는 자신이 깨달은 바를 전하기 위해 자식들을 불러 모은 뒤에 "재산을 만 석 이상 늘리지 말라"는 유훈을 남긴다. 이 말은 최의기의 유언이 되었는데, 이 말 또한 최부잣집의 가훈으로 300년 이상을 내려오게 된다. 수백 년에서 또다시 수천 년으로 이어질, 노블레스 오블리주의 상징인 최부잣집의 가훈인 '육훈六訓'은 다음과 같다.

첫째, 과거를 보되 진사 이상 벼슬을 하지 말라

둘째, 만 석 이상의 재산은 사회에 환원하라

셋째, 흉년기에는 땅을 늘리지 말라

넷째, 과객을 후하게 대접하라

다섯째, 주변 100리 안에 굶어 죽는 사람이 없게 하라

여섯째, 시집온 며느리들은 3년간 무명옷을 입게 하라[57]

'육훈六訓'이 제가濟家를 위한 것이었다면, '육연六然'은 수신修身의 처세를 말한 것이었는데, 그 내용은 다음과 같다.

1. 자처초연自處超然: 스스로 초연하게 지내라

2. 대인애연對人靄然: 남에게 온화하게 대하라

3. 무사징연無事澄然: 일이 없을 때는 맑게 지내라

4. 유사감연有事敢然: 유사시에는 용감하게 대처하라

5. 득의담연得意淡然: 뜻을 얻었을 때는 담담하게 행동하라

6. 실의태연失意泰然 : 실의에 빠졌을 때는 태연하게 행동하라[58]

경주 최부잣집의 가훈은 시조 최진립의 유훈에서 비롯된 것으로, 가문의 전통을 넘어서 사회적·역사적 의미를 담고 있다. 최진립은 전쟁의 영웅이자 충성스러운 관리였으며, 그의 유훈은 자손들에게 권력과 부에 대한 경계와 책임을 강조했다. "진사 이상의 벼슬을 하지 말라"는 그의 유훈은 권

---

57. 경주최부자민족정신선양회, 앞의 책, 73쪽.
58. 위의 책, 73~74쪽.

력을 남용하지 않고, 가문이 오래도록 번영할 수 있도록 신중함을 기르는 데 중점을 둔 가르침이다. 이는 최부잣집이 세대를 거쳐 부와 명예를 유지하면서도, 공직에서의 절제를 통해 권력 욕망을 억제한 철학적 기반이다.

이 가훈이 사회적 의미가 있는 이유는 권력과 부를 다루는 방식에서 기존의 특권층과 차별화된 태도를 보여 주기 때문이다. 최진립이 아들 최동량에게 남긴 유훈은 권력의 절대적 추구가 가문을 망치고 공동체에 해가 될 수 있다는 깊은 통찰을 담고 있다. 양반 사회에서 벼슬과 지위는 가문의 힘을 강화하는 중요한 수단이었으나, 최부잣집은 권력의 남용을 경계하며 자신들의 부와 지위를 보호하는 동시에 사회적 책임을 실천하는 방식을 택했다. 이는 귀족들이 권력을 강화하고 독점하려 했던 당시의 시대적 흐름 속에서 매우 이례적인 사례로 볼 수 있다.

최부잣집 가훈의 또 다른 중요한 측면은 부의 축적과 사용에 대한 철학이다. 최부잣집은 재산을 지나치게 쌓아 두지 않고, 소작인들과 수확을 합리적으로 나누는 방식으로 부를 관리했다. 이 방식은 지역사회와의 공존을 위한 재분배를 실천한 것이다. 이는 경제적 이익을 소작인과 나눈다는 의미를 넘어서, 계층 간의 수평적 공생의 정신을 상징한다. 이러한 공생의 실천은 지주와 소작인들과의 관계에 신뢰를 주고, 사회적인 안정을 가져온다. 이는 당시의 봉건적 사회 구조 안에서는 전례 없는 혁신적인 부의 관리 방식으로, 노블레스 오블리주 정신의 기초가 되었다고 할 수 있다.

최부잣집의 가훈에는 부와 권력을 개인의 영광을 위해 사용하는 것이 아니라, 사회와 공동체의 안정을 위해 사용해야 한다는 사회적 책임감이 깊게 배어 있다. 부와 권력의 편중으로 불평등이 심화하던 조선 시대에 최부자 가문은 스스로 부의 축적을 제한하고 사회적 환원의 방법을 찾은 것이다. 시대적 상황과는 대조적으로 부의 윤리적 기준을 제시한 최부자 가문의 전통은 수백 년을 지속하며 부의 사회적 환원을 실천한 역사적 모델이 되었다. 이는 노블레스 오블리주의 전형으로 오늘날에도 높이 평가받고 있다. 최부자 가문의 실천적 덕행은 사회 공동체의 지속 가능한 발전을 위한 역사문화콘텐츠 모델로서의 중요한 의미를 지니고 있다.

3

경주 교동 최부잣집의 명당 스토리텔링

최부잣집은 최의기의 4대 후손이자, 최부자 가문의 8대인 최기영(崔祈永, 1768~1834)에 이르러 큰 변화를 맞게 된다. 최의기의 후손들은 4대에 걸쳐 내려오면서 근검절약을 실천하면서 재산은 여전히 많이 유지하고 있었다. 그런데, 재산이 많다 보니 친척들의 시샘도 늘어갔다. 쉰여덟이라는 적지 않은 나이에 진사 시험에 합격한 최기영은 마침내 새롭게 이사할 집터를 찾기로 결심했다.

최기영에게 명당 집터를 추천한 지관은 모두 세 곳을 추천했다. 한 곳은 경기도 수원의 팔달산 아래였고, 또 한 곳은 경주 읍내의 교리, 마지막 장소는 경상도 북쪽 영양의 입암 땅이었다. 며칠 동안 고민을 한 후에 최기영은 지관에게 자신의 뜻을 전했다. 그는 벼슬에 뜻을 두고 있지 않은 자신의 가문에게 한양과 가까운 수원은 이점이 없다고 말했다. 그리고 영양 입암 땅도 현재 집이 있는 경주 이조리와 너무 멀어 논밭을 관리하기가 어려울 것 같다고 말했다. 이렇게 따져보니 경주 교리가 가장 좋을 것 같다는 것이 최기영의 결론이었다.

그런데 지관이 명당으로 지목해 준 교리의 집터로 이사를 하려고 하니 문제가 발생했다. 최부잣집이 이사를 온다는 소식에 경주 관아는 환영했지만, 집터 바로 옆에 있는 향교의 유림들이 반대하고 나선 것이다. 당시 경주부를 순시하던 어사는 유림들과 최기영이 모두 수긍할 수 있는 절충안을 냈다. 어사는 유가를 가르치고 공맹을 모시는 향교도 중시되어야 하고 개인의 사유지에 집을 짓고자 하는 것도 존중되어야 한다고 말하면서, 최 진사가 집을 짓되 집의 주춧돌과 기둥을 향교의 용마루보다 적어도 다섯 자 낮게 지을 것을 권했다. 최기영은 어사의 말을 즉시 받아들임과 동시에, 곡식 천 석을 향교에 기부하였다.

최기영은 향교 옆에 집을 짓기 시작했는데, 어사와 유림들 앞에서 약속한 대로 향교보다 용마루를 낮게 하기 위해서 3천 평이나 되는 땅을 두 자 정도 더 파내야 했다. 또한, 당시에는 부자들의 집이 99칸을 넘지 못하도록 나라에서 법으로 금지하고 있었는데, 최기영은 정해진 법도보다 열 칸 적은 89칸의 집을 지었다.

필자는 경주 최부자댁을 방문했을 때 '비보림禅補林'이라는 숲을 볼 수 있었다. 향교보다 낮게 집터를 만들다 보니 집터에서 파낸 흙을 집 뒤로 옮겼는데, 그곳이 바로 마을 숲이 된 비보림이다. 집터를 낮춰 향교 유림들의 우려를 불식시키고 그 흙으로 언덕과 숲을 만들었는데, 결과적으로는 배산임수背山臨水 지형이 만들어졌다. 최부자댁이 명당이 된 것은 이러한 상생 정신과 겸손함이 있었기 때문이다.

그런데 세월이 지나 일제가 우리나라를 강점하자 수백 년 된 비보림이 파괴되는 운명을 맞게 된다. 대포 생산을 위해 일제가 계림의 고목을 징발하겠다고 하자 최부잣집은 이를 막으려고 비보림의 나무들을 대신 내어 주었던 것이다.[59] 이때 많은 나무가 잘려 나갔다고 한다. 그래서 지금 비보림

---

59. 위의 책, 139쪽.

에는 그리 많지 않은 나무들만이 살아남아서 역사의 이야기를 전하고 있다. 나무들은 비보림이 얼마나 숭고한 정신을 간직한 아름다운 숲인지를 방문객들에게 말해 주고 있는 듯하다.

최근에는 만석꾼이었던 최부잣집의 집터에 대해 양택 풍수의 입지를 살피는 연구도 진행되고 있다. 경주의 만석지기일 뿐 아니라 우리나라의 대표적 명문가 집안인 최부잣집의 풍수 입지를 밝히려는 학문적 시도는 흥미롭다. 필자는 양택 풍수에서 말하는 명당明堂에 대한 풍수 입지적 논의와는 다른 관점에서 명당 터의 의미를 살펴보고자 한다.

최부잣집은 7대 최언경의 세대까지는 경주의 이조리를 중심으로 터를 잡고 부를 축적했고, 8대 최기영의 세대부터는 경주 교리(현재 경주시 교동)로 집터를 옮겨 만석꾼의 부를 유지해 나갔다. 그런데, 이조리에서 교리로 집터를 옮기게 된 동기가 의미심장한 측면이 있다. 최부잣집에 들르는 손님들을 수용하기에 부족했던 이조리의 집 크기보다 더 중요했던 이사 요인은 친척들의 시샘에 의한 충돌이었다. 이때 최기영이 보여 준 모습은 갈등의 대상이 되는 친척들을 쫓아내는 것이 아니라 오히려 자신이 거주지를 옮기려는 모습이었다. 자신들이 7대에 걸쳐 이룩한 부의 터전보다 친척들과의 인화를 중시하는 최부잣집의 태도는 현재에도 시사하는 바가 크다.

구약성경 창세기에서는 믿음의 조상이라고 일컬어지는 아브라함이라는 인물이 등장한다. 그는 고향을 떠나 하나님이 인도하는 땅으로 가라는 신탁을 받는다. 신탁을 이행한 아브라함은 가축과 은과 금이 풍부한 거부가 되지만, 함께 고향을 떠나온, 아들 같은 조카 롯과의 갈등이 일어난다. 아브라함의 가축을 치는 사람들과 롯의 가축을 치는 사람들 간에 갈등이 빈번하게 일어나자 아브라함은 조카 롯에게 새로운 제안을 한다. 즉, 앞에 놓여 있는 땅 중에서 롯이 왼편을 택하면 아브라함은 오른편을 택하고, 롯이 오른편을 택하면 아브라함은 왼편을 택하겠다는 것이다. 부와 권력이 더 강했던 아브라함이 조카에게 기득권, 우선권을 양보한 셈이다. 그 결과 아브라함은 친족과의 갈등을 피하면서, 자신의 부도 계속 유지할 수 있게 된다.

최부잣집의 후손들이 7대째 내려온 집터를 버리고 새로운 집터를 찾아 나선 것은 친족 간의 갈등을 막기 위해서였다. 최부잣집의 후손이 자신의 기득권을 내려놓고 새로운 집터를 찾아 나선 것은 어찌 보면, 친족과의 갈등을 피하기 위해 기득권을 내려놓은 아브라함의 모습과 유사하다. 그래서 새롭게 정착한 경주 교동에서 최부잣집 가문은 다시 5대에 걸쳐 만석꾼의 부를 유지했다. 경주 교동의 향교 옆에 집터를 지은 최부잣집은 자신들이 모은 부를 교육에 쏟을 수 있는 기회를 자연스럽게 얻게 된다. 만석꾼 집안이 12대에 걸쳐 이룬 부의 사회적 환원이 경주 교동의 집터에서 이루어진 것이다.

경주 최부잣집의 교동 집터가 명당으로 불리는 것은 최부잣집 후손들이 부를 축적했기 때문만이 아니라, 그들이 쌓은 재물을 가치 있게 사회에 환원할 수 있었기 때문이었다. 구약성경 창세기에서 부의 기득권에 연연하지 않았던 아브라함이 믿음의 조상으로 지금까지 일컬어지고 있듯이, 대한민국의 역사에서 12대에 걸친 최부자 가문이 보여 준 사회적 책임 의식과 나눔의 정신은 그들의 가문을 노블레스 오블리주의 반열에 올려놓아 주었다.

경주 최부자 가문이 남긴 유산은 단순히 물리적인 차원에서의 집터나 재산의 축적 과정에만 의존하지 않는다. 최부자 가문은 오히려 새로운 관점에서 명당에 대해 재해석해 주고 있다. 최부자 가문이 만들어 낸 명당의 의미는 '공동체와의 공존'이라는 철학적 기반 위에 서 있다. 현대 사회에서 흔히 볼 수 있는 물신주의와 부동산 투기 심리는 최부잣집의 철학과는 대조적으로, 개인의 이익과 욕망만을 극대화하는 데 초점이 맞춰져 있다. 명당을 찾아 부와 성공을 꿈꾸는 이들은 땅의 기운이 자신을 성공으로 이끌어 줄 것이라는 사고방식에 의존하지만, 최부잣집은 그러한 땅의 기운을 기대하지 않는다. 그들은 자신들의 부와 명예가 사회 공동체를 위해 어떻게 사용될 수 있는지를 고민하며, 이웃과의 관계 속에서 진정한 명당의 의미를 스스로 만들어 내고 있는 것이다.

현대적 의미의 명당 터는 미래에 가치가 올라 투자 가치가 있는 땅을 의미한다. 혹은 명문대에 진학한 이력이나 출세한 인물이 나온 집도 명당터일 수 있다. 이러한 사고는 공동체 구성원 간에 심리적 거리감을 불러일으키면서 사회적 양극화를 더욱 부추기는 요인이 되고 있다. 오늘날 많은 사람들은 부와 권력을 성취하기 위해 무리하게 명당을 찾지만, 최부잣집은 자신들이 사는 땅에서 부를 나누고 권력을 절제하면서 이웃과 더불어 사는 공존을 택했다. 즉, 그들은 '명당을 찾아서'가 아닌, '명당을 만들어서' 가문의 번영을 이루어 냈다. 이들에게 명당터란 자신들의 부가 사회에 기여하여 그 가치가 완성될 수 있는 곳이었다.

최부잣집이 지켜 온 개인적 부와 공동체의 조화는 오늘날 경제적 불평등과 사회적 갈등 속에서 매우 중요한 의미가 있다. 현대 사회에서는 부동산을 비롯해 자산의 증식이 주요한 부의 축적 방식으로 자리 잡고 있지만, 이는 종종 이웃과의 경쟁과 불신을 초래한다. 반면, 최부잣집은 자신들이 축적한 부가 공동체와 경쟁하거나 불신의 대상으로 인식되지 않도록 애썼다. 최부잣집의 이러한 철학은 부의 양극화가 심화한 오늘날에 천년 고도의 땅, 서라벌에서 소리 없는 큰 울림으로 우리들의 고민 어린 질문에 답하고 있다. 이는 현대 사회에서 부와 성공을 바라보는 우리의 관점을 다시금 성찰하게 하면서, 진정한 명당은 우리 스스로가 만들어가는 것이라는 진실된 교훈을 전해 주고 있다.

4

부의 사회적 환원으로 얻은 정신적 자산

경주 최부잣집의 마지막 만석꾼 최준(崔浚, 1884~1970)은 조
선 시대의 과거 제도가 막을 내리자 신식 학교에서 신학문
을 공부해야겠다고 생각했다. 하지만 그의 부친 최현식은
최준이 혼인을 하기를 원했고, 최준은 혼사를 치르면서 신
식 학문을 공부할 기회는 사라졌다. 그러던 중 최준은 자신
의 집을 찾아온 의병장 신돌석 장군을 만나면서 미래에 대
한 고민을 다시금 시작하게 되었다. 아들이 의병 활동을 할
까 봐 걱정하던 최현식은 집안의 모든 일을 장남인 최준에
게 일찍 맡기는 선택을 했다.

1910년 8월 29일, 일제에 의해 우리나라의 국권이 상실

된 경술국치庚戌國恥를 맞자 최준은 새롭게 자신이 할 일을 발견했다. 그것은 집 옆에 있는 향교를 빌려서 민족을 가르치는 교육 사업을 하는 것이었다. 그러나 향교를 통한 교육 사업은 오래가지 못해 문을 닫았다. 그러던 중 최준은 창남학교를 세운 안희제를 만나게 되면서 새로운 전기를 맞게 된다. 최준은 안희제가 만든 부산의 백산상회白山商會에 자본금을 투자하였다.

백산상회는 1919년에 주식회사인 백산무역주식회사白山貿易株式會社로 발전했다. 백산무역주식회사는 겉으로는 무역회사의 간판을 내걸었지만, 이는 일제의 감시를 피하기 위한 것이었다. 독립운동 진영 간의 연락과 독립 자금 공급이 회사 운영의 실질적인 목적이었다. 최준은 백산무역주식회사의 취체역(주식회사의 이사)에 임명되었고, 대구와 서울, 원산 등 국내 지역과 만주까지 사무소를 설치할 정도로 사업의 규모는 늘어갔다.[60] 하지만 돈을 버는 것보다 훨씬 더 많은 돈을 국내외 독립운동 자금에 쏟아붓다 보니 회사의 경영은 나빠졌고, 일경의 계속적인 탄압으로 인해 1927년에 회사

60. 심현정, 『3백 년을 이어온 최고의 명가 경주 최 부잣집 이야기』, 느낌이있는책, 2018, 191쪽.

는 문을 닫고 말았다.

1945년 8월 15일, 우리나라가 해방을 맞이하자 최준은 더욱더 교육의 중요성을 인식하게 된다. 최준은 남아 있는 재산에다 여러 사람의 도움을 얻어 1947년에 민립 대구대학교를 세웠다. 그는 대구대학에 기부하고 남은 전 재산으로 경주에 문파교육재단을 설립하였다. 이후 1955년 계림대학교를 개교해 경주 발전에 심혈을 기울였고, 1958년 계림대학교를 대구대학재단으로 기부 통합해 운영하였다.[61]

전 재산을 기부하면서 자금난에 어려움을 겪던 최준은 대구대학교의 운영을 이병철 회장에게 맡겼다. 그 후 대구대학교는 근처의 사립 대학인 청구대학교와 통합하면서 영남대학교로 새롭게 개교했다.[62] 최준은 영남대학교에서 잠시 이사를 맡은 뒤, 여든네 살에 은퇴하여 고향 경주로 돌아왔다. 1970년, 여든일곱의 나이에 경주 최부잣집의 마지막 만석꾼인 최준은 평온히 영면했다.

어찌 보면, 최부잣집의 마지막 12대손 만석꾼 최준은 스

---

61. 李 赫, 「慶州 校洞 崔氏 家門 硏究 - 소장 자료를 중심으로」, 경북대학교대학원 박사학위논문, 2023, 50쪽.
62. 황혜진, 『경주 최부잣집은 어떻게 베풀었을까?』, 보물창고, 2015, 93쪽.

스로 망하는 길을 선택했다고 볼 수 있다. 국권이 일본에게 강탈당한 후에 만석꾼의 지위를 유지하는 것은 그에게 더는 의미가 없었다. 그는 스스로 경주 최부잣집의 만석꾼 연대기를 마감한 것이다. 그 대신 민족 해방을 위해 독립 자금을 대고, 민족의 미래 세대를 양성하기 위한 교육 사업에 전 재산을 내놓은 것이다. 그것은 12대에 걸쳐서 영남의 만석꾼 부자로 번영했던 가문의 역사에 영예롭게 마침표를 찍고자 했던 결단이었다.

신라 천년 고도, 경주에는 세계사에 내놓을 만한 빛나는 역사문화콘텐츠인 최부자댁과 그 가문의 이야기가 있다. 경주 최부자 가문의 역사는 그곳을 찾는 사람들에게 네버엔딩 스토리를 들려 주고 있다. 경주 교촌마을에서 우리는 최부자 가문의 역사와 정신을 전하는 최부잣집 고택을 만날 수 있다. 그리고 그곳에서는 경주 최부자의 얼과 혼이 서린 노블레스 오블리주의 정신을 느낄 수 있다. 마음을 열면, 오늘도 최부자가 천년 고도에서 들려주는 메시지를 생생히 들을 수 있다.

경주 최부잣집의 역사는 단순히 부유함의 상징이 아니다. 그것은 시대의 변화 속에서 어떻게 부를 유지하고, 그것을 사회적 책임으로 전환할 것인지에 대한 고민의 흔적이다. 최준은 어쩌면 의병장이 될 수 있는 기회를 놓쳤을지도 모른다. 그러나 그가 선택한 길은 민족을 위한 경제적·교육적 지원이었다. 신돌석 장군과의 만남은 그에게 나라를 위한 헌신에 대한 큰 그림을 그리게 했다. 그가 선택한 교육 사업은 미래에 민족의 주역이 될 인재를 길러내는 매우 중차대한 것이었다.

안희제와의 만남 역시 우연이 아니었다. 안희제는 최준에게 새로운 가능성을 열어 준 인물이었다. 백산상회는 개인적인 상회가 아니라 독립운동의 기반이었고, 최준의 자본금은 이곳을 통해 독립운동 기관으로 흘러들었다. 이 시기 최부잣집의 선택은 상업적 성공을 목표로 하지 않았고, 오히려 더 큰 목표인 민족의 해방을 위한 기반을 마련하는 데 있었다. 백산상회가 독립운동 자금을 지원하는 상징적인 기관으로 성장할 수 있었던 데에는 최준의 헌신적인 지원이 중요한 역할을 했다.

최준과 관련된 다양한 일화 중에서, 향교를 빌려 교육 사업을 시작한 일은 흥미롭다. 1910년 한일합병 이후 많은 이들이 절망 속에서 무력감을 느낄 때, 최준은 교육을 통해 민족의 미래를 준비하려 했다. 그러나 정식 학교가 아니기에 운영에 어려움이 많았고 간이 학교는 문을 닫고 말았다. 그렇지만 최준의 이러한 시도는 의미하는 바가 크다. 일제강점기에 민족적 자존감을 지키려는 그의 노력이 교육 사업으로 구체화되었기 때문이다. 이것은 단지 재산이 많다고 해서 할 수 있는 것이 아니라, 민족 교육에 대한 비전과 철학이 있어야만 가능한 것이었다.

최준의 주요 행적을 살펴보면 그의 관심이 개인적인 치부致富에 있지 않고, 민족의 자산을 증식시키는 데 있다는 것을 알 수 있다. 최준은 동아일보 창간 발기인 참여, 고려요업 주식회사 창립, 한성은행과 경남은행에 주주로 참여하는 등 민족의 경제 회복 활동에 적극적으로 참여하였다.[63] 일제는 경주 최부잣집의 재산을 통제하려 했으나, 최준은 이를 교묘하게 피하면서도 민족적 자부심을 지키기 위해 부를 사용했다. 최준은 독립운동에 대한 지원뿐 아니라, 해방 이후의 지도자들을 길러내는 역할을 했다. 최준이 세운 학교에서 배출된 인재들은 우리 사회의 중요한 인물로 성장했다. 결국 최

---

63. 민족의 해방과 교육, 경제 회복에 대한 최준의 행적에 대해서는 이 혁의 논문을 참조. 李 赫, 앞의 논문, 50~51쪽.

부잣집의 부는 민족의 독립과 해방, 그리고 성장에 기여한
사회적 자본이 된 것이다.

5

부의 철학에서 공존의 윤리를 찾다

최부잣집이 실천한 노블레스 오블리주는 공동체와의 공존을 위한 철학적 실천이다. 최부자 가문은 부를 개인적 소유로만 여긴 것이 아니라, 지역사회와 국가를 위한 책임으로 인식했다. 이는 현대 자본주의 사회에서의 부의 윤리에 대한 재고를 요구한다. 최부자 가문의 공존 철학은 오늘날 더욱 심화한 부의 양극화 문제에 대한 새로운 해법을 제시하며, 자산가들이 자신들의 부를 어떻게 사회에 환원해야 할지에 대한 모범적인 사례로 남아 있다. 최부잣집의 이러한 윤리는 사회적 갈등을 줄이고 상생을 도모하는 모델로, 현대 사회에서 더욱 필요한 가치로 재조명되고 있다.

경주 최부잣집의 노블레스 오블리주는 부유층의 도덕적 의무를 넘어서, 부의 본질을 깊이 탐구하는 철학적 실천으로 이해할 수 있다. 최부잣집은 12대에 걸쳐 지역사회의 중심에 서 있었고, 그들의 부는 개인적 축적이 아닌 공동체와의 공존을 위한 수단으로 사용되었다. 최부자 가문이 사회적 의무를 다하며 쌓아온 부의 철학은 현대 사회에서 흔히 볼 수 있는 자본주의적 부의 축적 방식과는 근본적으로 달랐다. 그들의 철학은 부를 소유하는 것이 아니라, 부를 통해 공동체를 풍요롭게 만들고 상생하는 구조를 만들어 냈다.

경주 교촌마을에 있는 최부잣집 고택을 둘러보면서 필자는 매우 흥미로운 사실을 발견할 수 있었다. 그것은 부엌에서 밥을 지을 때 나는 연기를 배출하는 굴뚝이 댓돌 아래에 나 있는 것이었다. 굴뚝은 하늘을 향해 수직으로 높게 만드는 것이 상식적인데, 왜 최부잣집의 굴뚝은 땅과 수평으로 만들었던 것일까? 그것은 혹시라도 배고픈 이웃 주민들이 부잣집의 굴뚝 연기를 보면서 위화감을 느끼지 않도록 한 배려였다. 이는 부유함이 재물에 있는 것이 아니라 공존의 윤리에 바탕한 부의 철학에 있다는 것을 단적으로 보여주는 사례이다.

부잣집의 상징은 흔히 곳간이라고 한다. 얼마나 많은 곡식을 쌓아 둘 수 있느냐가 천석꾼, 만석꾼의 상징이 되기 때문이다. 최부잣집의 곳간도 그 크기가 매우 컸는데 지은 지 삼백 년이 된 오래된 건물이 현재 남아 있다. 그런데 큰 규모와 긴 역사의 곳간에서 눈에 띄는 것은 문 앞에 놓여 있는 쌀통이었다. 최부잣집 곳간의 쌀통은 가로세로 석 자에, 높이가 넉 자 정도 되는 나무로 만든 상자로, 위쪽에 다섯 치 정도의 둥근 구멍이 뚫려 있다. 최부잣집의 쌀통은 모든 사람에게 개방되어 있었는데, 욕심을 부려 두 손을 넣어 쌀을 많이 움켜쥐면 손이 빠지지 않았다. 자연스럽게 적당량을 집을 수밖에 없었다. 쌀통에서 쌀을 빼내는 것은 하루 한 번만 허용되었다고 한다.

현재 최부잣집 고택에서 볼 수 있는 곳간 앞의 쌀통은 크기를 축소하여 특별히 제작한 것이다. 경주 최부잣집 곳간 앞에 놓인 작은 쌀통은 최부자 가문의 부의 철학과 공존의 윤리가 집약된 것이라고 할 수 있다. 만석꾼의 쌀은 배고픈 모든 사람이 가져갈 수 있었지만, 한 사람에게 한 줌의 쌀만 허용되었다. 최부잣집의 곳간은 욕심을 부리지 않으면 모든 사람들이 함께 생존할 수 있게 해 주는 하늘의 만나와도 같은 것이었다. 욕심을 절제하는 것은 최부자 가문 스스로가 실천한 덕목이었기에 주변의 이웃들도 이러한 최부자의 뜻을 존경하며 따를 수 있었다.

최부잣집의 쌀통은 사방 백 리의 굶주린 사람들뿐만 아니라, 과객들도 이용할 수 있었다. 최부잣집은 과객을 후하게 대접한 것으로 유명한데, 과객을 잘 대접하는 가풍이 있다 보니 많은 손님들이 최부잣집을 방문하였다. 최부잣집에서 과객들을 다 수용하지 못할 때에는 주변의 소작인들이 손님 대접에 나섰다. 손님 대접을 하는 소작인에게는 따로 소작료를 받지 않았다고 한다. 최부잣집에서 지급한 쌀과 과메기를 들고 소작인의 집을 찾은 손님들은 식사를 제공받을 수 있었다. [64]

최부잣집의 이야기는 현대 사회에서 부의 양극화 문제를 해결하기 위한 중요한 철학적 모델을 제공한다. 오늘날 현대인들은 재산을 축적하기에 앞서 부의 철학에 대해 진지하게 고민해야 한다. 최부자 가문이 보여 준 부의 철학은 많은 것을 시사한다. 최부자 가문은 사회적 책임감을 가지고 공동체

64. 경주최부자아카데미 최창호 이사와의 인터뷰. 2024. 11. 23.

와 국가의 미래를 위해 자신들의 부를 사용하였다. 백산상회에 투자하여 독립운동 자금을 지원했던 최준의 사례는 부가 개인의 성공을 넘어서 어떻게 민족과 역사의 흐름을 바꾸는 도구로 사용될 수 있는지를 잘 보여 준다.

최부잣집이 실천한 공존의 철학은 부유한 자들에게 윤리적 기준을 제시한다. 노블레스 오블리주는 부와 권력의 집중이 불러올 사회적 불안정을 미리 예견하고, 그 부를 통해 사회적 갈등을 완화하려는 철학에 바탕해 있다. 현대 사회에서 부의 불균형은 더욱 심각한 문제로 떠오르고 있으며, 이러한 상황에서 최부잣집의 철학은 새로운 해법을 제시한다. 부유층이 부의 축적에만 몰두할 때, 그들은 필연적으로 공동체와의 연결을 잃게 되고, 이는 사회적 갈등을 증폭시키는 요인이 된다.

최부잣집의 부의 철학은 경주 지역에 존재한 한 가문의 이야기로만 그치지 않는다. 그것은 부가 어떻게 사용되어야 하며, 어떤 방식으로 사회와 공존할 수 있는지를 탐구하는 중요한 과제를 제시한다. 현대 사회는 부자의 책임과 역할을 다시 묻고 있으며, 최부잣집이 보여준 노블레스 오블리주는 그에 대한 가장 실질적이고 철학적인 답변이 될 수 있다. 부의 양극화 문제에 대해 해법을 제시하고 있는 최부자 가문의 철학과 윤리는 사회적 갈등을 줄이고 상생을 도모하는 모델로서 현대 사회에서 더욱 절실한 가치로 재조명되고 있다.

6

12대에 걸쳐 완성된 노블레스 오블리주 가문

최부잣집은 한국 역사에서 가장 오래 지속된 부자 가문 중 하나로, 12대에 걸친 부의 축적뿐만 아니라 그들이 실천한 노블레스 오블리주로도 유명하다. 최부자 가문은 만석꾼의 재산을 축적함과 동시에 사회적 책임도 함께 나누며 번성하고 발전하였다. 최부잣집이 세대를 거듭하며 번창할 수 있었던 비결은 바로 이 '사회적 책임의 대물림'에 있었다.

여기서는 최부자 가문의 역대 주손들의 행적이 12대 전체에서 어떠한 의미를 갖고 있는지 살펴보고자 한다.[65] 12대

---

65. 역대 주손의 행적과 역할에 대해서는 이 혁의 논문을 참조. 이혁, 앞의 논문, 30~51쪽.

에 걸친 최부자 가문은 부의 축적과 함께 공공선을 실천하며 지역사회, 더 나아가 나라에 기여했다. 12대를 걸치면서 최부자 가문의 주손들은 각각의 역할을 통해 최부자 가문을 진정한 명문가로 만들어 나갔다. 12대 최부자들은 각각의 역할을 통해 노블레스 오블리주 명문가라는 아름다운 숲을 만들었다.

먼저 1대 최진립崔震立은 충의를 실천한 인물로, 최부자 가문의 정신적 기초를 놓았다. 그는 임진왜란 당시 의병을 일으켰고, 병자호란 때는 노구에 참전했다가 전사하였다. 그는 또한 청렴한 생활을 실천하였는데, 청백리清白吏에 녹선될 정도였다. 그의 행적은 충의 및 청백리 가문의 위상을 정립하는 결정적 계기가 되었다.

2대 최동량崔東亮은 최부자 가문의 가풍을 정립했다. 최동량은 최부자 가문의 유명한 '가거십훈家居十訓'을 남겼다. 그는 가거십훈, 즉 집에서 지켜야 할 열 가지 훈계를 만들어 가문의 이념적 뼈대를 구축하였다.[66] 그 내용을 살펴보면 다음과 같다.

---

66. 황유정·오상희, 「경주 최부잣집의 ESG 경영 사례연구」, 『商業敎育研究』 제37권 제3호, 2023. 6, 31쪽.

1. 인륜을 밝힌다 明人倫

2. 어버이를 섬김에 효도를 다한다 事親孝

3. 임금을 사랑함에 충성을 다한다 愛君忠

4. 가정을 잘 다스린다 宜室家

5. 형제 사이에는 우애가 있다 友兄弟

6. 친구 사이에는 신의가 있다 信朋友

7. 여색을 멀리한다 遠女色

8. 술에 취함을 경계한다 戒酗酒

9. 농업과 잠업에 힘쓴다 課農桑

10. 경학을 익힌다 講經學[67]

　3대 최국선崔國璿은 자산을 축적하고 나눔을 실천했다. 그는 대부大富로서의 명성과 지위의 토대를 마련했다. 그가 최씨 가문의 부를 증식할 수 있었던 이유로는 마름을 두지 않았던 것과 함께 이앙법의 도입, 수리 시설의 확충 등을 들 수 있다. 현종 신해년(1671년), 삼남에 큰 흉년이 들었을 때 최국선은 곳간을 과감히 열었고 그때 생긴 가훈이 "사방 백 리

67. 경주최부자민족정신선양회, 앞의 책, 69~72쪽.

안에 굶어 죽는 사람이 없게 하라"였다.[68]

4대 최의기崔義基는 종래에는 드물게 적용하던 획기적인 제도인 병작반수제를 과감히 도입했다. 병작반수제는 농사를 짓는 소작인에게 수확물의 절반을 가지도록 한 방법으로 농민들에게 생산 의욕을 북돋아 주는 선진적인 경작 방법이었다.

5대 최승렬崔承烈은 가문의 안정화를 가져왔다. 그는 성품이 청아하고 검소했으며 효도와 우애가 지극하여 향리에서 공경을 받았다. 그는 선대의 노블레스 오블리주 가풍을 묵묵히 계승하여 가문을 안정화시키는 역할을 했다.

6대 최종률崔宗嵂은 1773년 임금의 80수壽를 경축하는 별시別試가 열렸을 때 진사시進士試에 입격하였다. 그는 "시집온 며느리들은 3년간 무명옷을 입게 하라"는 가훈을 만들었다. 살림을 도맡는 며느리들이 근검절약의 정신을 몸에 익히도록 하려는 의도에서 만든 가훈이었다.[69]

7대 최언경崔彦璥은 자산을 계속해서 증식하고 남강서당을 설립하였다. 그는 남강서당에 수백 권의 책을 비치하여

68. 황유정·오상희, 앞의 논문, 31쪽.
69. 위의 논문, 32쪽.

향리의 인재를 모아 강학하면서 후진 양성에 힘썼다. 또한 최부자 가문의 근검절약 정신과 구휼을 통한 애민정신을 실천하는 본보기를 보였다.[70]

8대 최기영崔祈永은 최씨 가문을 경주 교동에 정착시켰다. 그는 경주 내남면 이조리에서 교촌으로 최부자 가문의 집터를 옮기는 결정을 했다. 최기영은 과객을 후히 대접하는 최부자 가문의 전통을 계속해서 이어 갔는데, 이 사실은 전국에 더욱 알려지게 되었다.

9대 최세린崔世麟은 가택을 신축하고 선대 업적을 정리했다. 최세린은 1833년 경주 교촌에 있는 향교 옆으로 새집을 신축하여 이전하였는데, 이곳이 현재 우리가 볼 수 있는 경주 교동 최부자댁이다. 그는 풍모가 의젓하고 성품이 간결하고 고상하여 향리에서 칭송을 받았다.

10대 최만희崔晚憙는 최세귀의 독자로 태어났으나, 큰아버지 최세린의 후사後嗣로 최씨 가문의 대를 잇게 된다. 그는 1861년 30세에 생원시에 급제하였으나 노모를 봉양하기 위해 벼슬에 나아가지는 않았다. 최만희는 선대로부터 물려

---

70. 위의 논문, 33쪽.

받은 가훈을 묵묵히 잘 지키며 가풍과 가세를 유지하였다.

11대 최현식崔鉉軾은 경주 국채보상운동을 주도하면서 선대 업적을 완성해 나갔다. 그는 1907년 차관 능력을 상실한 대한제국을 대신해 나라의 빚을 갚기 위해 민간에서 단연斷煙과 금주禁酒로 모금하는 국채보상운동이 대구에서 일어났을 때 경주 지역의 공동회장을 맡았다. 그는 사재 100원을 기부하는 등 경주의 국채보상운동을 주도하였다. 그 결과 경주 군민 5,086명이 참여하여 3,250원을 모금하는 성과를 이루었다.[71]

12대 최준崔浚은 독립운동을 지원하고 민족교육에 헌신했다. 최준은 고종 21년인 1884년 경주 교촌에서 태어난 후 격변의 시기를 감당하며 살아갔던 최씨 집안의 마지막 만석꾼이다. 그는 1919년 조선식산은행에 전 재산을 담보로 35만 원을 대출받아 백산무역주식회사를 운영하면서 상해임시정부에 독립운동 자금을 조달하였다. 그는 해방 후에 대구와 경북의 유지들과 대학설립기성회를 조직하고 기성회 회장을 역임하였다. 1947년에는 많은 재산을 기부하면서 대구

71. 李赫, 앞의 논문, 47쪽.

대학교를 설립하였고, 1954년 대구대학교에 기부하고 남은 큰집과 작은집들을 포함해 산과 논밭 등 전 재산으로 경주에 문파교육재단을 설립하였다. 그가 설립한 대구대학교는 청구 대학교와 통합되어 현재 영남대학교로 이어지고 있다.[72]

최부자 가문의 12대에 걸친 부의 스토리는 12대 최준이 자진해서 만석꾼 집안을 마감하면서 막을 내렸다. 부의 축적 의 역사는 막을 내렸지만, 대한민국 국민들의 뇌리에는 노블 레스 오블리주 가문의 아름다운 스토리텔링이 계속해서 재 생되고 있다. 12대에 걸친 최부자들은 각기 다른 시기를 살 았지만, 가문의 사회적 책임에 대한 인식은 한결같았다. 그 들은 12대에 이르는 동안 선조로부터 물려받은 노블레스 오 블리주 정신으로 큰 재물을 관리했다. 어쩌면 12대에 걸친 최부자들이 소중하게 간직하고자 했던 것은 영화로운 재물 보다는 이웃을 도우며 함께 살고자 하는 소박한 마음이었는 지도 모른다.

72. 위의 논문, 49~50쪽.

7

최부잣집 유산의 미래적 가치와 진화

최부자 가문이 남긴 유무형의 자산은 역사적 기록을 넘어 과거와 현재, 그리고 미래를 잇는 다리 역할을 하며, 경주의 역사문화콘텐츠로서 그 잠재력을 계속해서 확장해 나가고 있다. 최부자 가문이 실천한 노블레스 오블리주의 삶을 통해 경주는 과거의 유산이 미래적 가치로 진화하는 글로컬 문화콘텐츠 보유 지역으로 자리매김하고 있다. 경주 최부잣집의 이야기는 그들의 시대를 넘어 새로운 세대에게로 이어지고 있으며, 노블레스 오블리주의 스토리텔링을 통해 세계의 중심과 오늘도 만나고 있다.

최부자댁을 방문하면 부잣집의 품격을 보여 주는 한옥의

아름다운 정취에 흠뻑 빠지게 된다. 그런데 최부자댁을 둘러보다 보면, 최씨 고택의 외형에 내재되어 있는 최부자의 깊이 있는 정신을 느끼게 된다. 사방 백 리의 배고픈 사람들을 위해 곳간 앞에 놓여 있는 쌀통이나, 이웃의 마음을 헤아리며 댓돌 아래에 만든 굴뚝, 여인들에 대한 세심한 배려가 엿보이는 안채의 모습 등은 최부자댁을 더욱 기품 있게 느끼게 해 준다.

최부자댁의 사랑채에 걸려 있는 현판에서도 최부자 가문의 정신은 고스란히 드러난다. 최부자댁 사랑채에는 세 개의 편액이 걸려 있다. 먼저 눈에 띄는 것은 '용암고택龍庵古宅'이라는 현판이다. 8대 최기영의 호인 용암龍庵에서 따온 편액이다. 그리고 최기영의 아들인 9대 최세린의 호에서 따온 현판이 눈에 들어온다. 그런데 특이하게도 편액에 쓰여 있는 글자는 '대우헌大愚軒'이다. 이는 '크게 어리석은 사람이 사는 집'이란 뜻이다. 또 다른 편액에는 11대 최현식의 호인 '둔차鈍次'가 쓰여 있다. 최세린의 아들은 둔와鈍窩 최만희이고, 손자는 둔차鈍次 최현식이다. '둔와'는 '움집에 사는 둔한 사람'을 뜻하고, '둔차'는 '둔해서 2등 하는 사람'을 가리킨다.[73]

경주 교촌으로 이전한 최부자 가문은 자신을 낮추는 호

를 사용하면서 겸손함을 잃지 않으려고 했다. '크게 어리석은 사람'의 뜻으로 '대우大愚'라는 호를 사용한 최세린은 자신은 이재理財나 치부致富에 있어서는 어리석은 사람이라는 것을 말하고 싶었는지도 모른다. 그러나 이웃을 배려하고 나눔을 실천하는 면에서는 그는 그 누구보다도 훌륭한 사람이었음에 틀림없다. 최현식은 부와 명예를 추구하는 데는 '둔한 2등'으로 살겠다는 뜻으로 자신의 호를 둔차鈍次로 낮추어 불렀을 것이다. 그렇지만 국채보상운동을 주도하면서 보여 준 그의 애국·애민의 행적은 후세에 길이 칭송받을 만한 빼어난 것이었다.

최부자 가문이 보여 준 겸양의 모습은 현대 사회를 살아가는 우리들에게 깊은 감화를 준다. 특히 자신이 우리나라의 지도층, 권력층, 부유층이라고 생각하는 사람들은 최부자가 전하는 메시지를 경청할 필요가 있다. 최부잣집이 노블레스 오블리주의 가문이 될 수 있었던 이유는 대우, 둔와, 둔차 등으로 자신의 정체성을 겸손하게 인식하고자 했던 뚜렷한 의지가 있었기 때문이다. 그들은 선대로부터 계속해서 이러한

---

73. 경주최부자민족정신선양회, 앞의 책, 252~253쪽.

가치관을 교육받았고, 자신의 한 번뿐인 삶에서 그 가치를 숭고하게 실천했다.

필자는 최부자의 정체성이 깃든 현판의 글자를 보면서, 재미있는 생각을 해 보았다. 최부잣집이나 최부자아카데미를 방문하는 사람들에게 '최부자 따라 하기'를 체험하게 하는 것이다. 제일 먼저 해 보는 체험은 자신의 호號를 겸비하게 지어 보는 것이다. 한자로 호를 짓는 것이 다소 어려울 수는 있겠으나, 최부자아카데미의 교육 프로그램을 통해서 최부잣집을 방문한 사람들이 각자 새로운 호를 하나씩 가져 보게 하는 것은 좋은 체험이 될 것이다. 자신이 직접 만든 호를 족자에 적어서 집에 편액처럼 걸어 놓는다면 최부잣집의 정신을 조금이라도 공유할 수 있을 것이다. 이렇게 함으로써 진정한 부자의 마음가짐을 조금이라도 닮을 수 있지 않을까 싶다.

또한 '최부자 쌀통'을 각자 만들어 보는 것도 좋을 것이다. 한 줌의 쌀은 비록 그 양은 적지만 한 사람의 생명을 살릴 수 있다. 각자 작은 저금통을 만든 후에 겉에 '최부자 쌀통'이라고 적고서 쌀 한 줌 정도의 돈을 계속해서 모은 후에 복지 기관이나 종교단체 등 적절한 곳에 기부하는 것이다.

어린 자녀에게 이러한 체험을 하게 한다면, 자연스럽게 이웃과의 나눔 정신을 기르게 될 것이다. 진정으로 큰 부자가 되기 위해서는 '최부자의 쌀통'이 있어야 한다고 말해 줄 때에 비로소 '큰 부자'라는 말이 더 근사하게 들릴 것이다.

최부잣집의 이야기가 단순히 과거에 머무르지 않고 현재에도 중요한 문화콘텐츠로 기능할 수 있는 이유는 최부자 가문의 행적이 시간과 공간을 넘어서는 보편적 가치를 지니고 있기 때문이다. 그래서 최부자 가문의 이야기는 경주와 대한민국을 넘어서 글로컬 문화콘텐츠로서 발돋움할 수 있는 잠재력을 갖고 있다.

최부잣집 이야기가 미래의 문화콘텐츠로서 진화하는 과정에서 중요한 역할을 하는 것은 그들의 스토리가 매우 인간적이면서도 동시에 혁신적이라는 데 있다. 경주 최부자 가문의 12대 스토리를 역사소설이나 드라마, 영화 등으로 제작해 보는 것도 경쟁력이 있을 수 있다. 특히 SF 소재로 경주 최부잣집 이야기를 활용해 보는 것도 재미있을 것이다. 현재의 기업 경영자가 경주 최부잣집 시대로 타임슬립^{time slip} 해서 최부자와 마주하게 된다면, 시간을 초월해서 만난 두 부자가 어떠한 대화를 나눌지 무척 궁금해진다. 부자가 되고

자 하는 욕망을 지닌 사람들이 경주 최부자 고택을 들어서
는 순간, 어쩌면 최부자가 현재로 타임슬립해서 그들의 마음
에 작은 파장을 일으킬지도 모른다.

4부

새로운 대한민국으로
나오는 글
: 우리나라의 과거와 미래, 안과 밖의 스토리텔링

최근 '글로컬glocal'이라는 표현이 많이 쓰이고 있다. 글로컬은 세계를 뜻하는 '글로벌global'과 지역을 뜻하는 '로컬local'의 합성어로 지역의 정체성을 바탕으로 한 국제화·세계화를 뜻한다. '글로컬'이라는 신조어를 해석하는 관점은 다양할 수 있겠지만, 본서에서는 세계(중앙)와 소통하면서 발전적으로 경쟁하는 작은 세계로서의 지역 특성에 초점을 맞추었다. 경상북도의 주요 도시를 연결하는 '스토리텔링 하이웨이'를 통해 경북 지역은 '문화콘텐츠 산업의 중심지'로 거듭날 수 있다.

포항의 산업문화콘텐츠인 포항제철소 제1고로와 경주의 역사문화콘텐츠인 경주 최부자댁은 서로 다른 역사적 배경을 지니고 있지만, 대한민국의 과거와 미래를 잇는 중요한 가교 역할을 하고 있다는 점에서 공통점이 있다. 포항제철소 제1고로는 한국 경제의 근간이 되었던 산업화의 상징이며, 최부잣집 고택은 부의 윤리와 노블레스 오블리주 정신의 표상이다. 이 두 사례를 통해 우리는 전통과 현대, 지역과 세계를 연결하는 '글로컬 문화콘텐츠 스토리텔링'의 힘을 확인할 수 있다.

포스코 포항제철소 제1고로는 대한민국 산업화의 심장

역할을 했다. 한강의 기적을 이룩한 대한민국의 엔진은 포항의 뜨거운 용광로였다. 우리나라의 경제 발전에 크게 기여한 포항제철소 1고로는 산업화 과정에서 겪었던 희생과 발전의 스토리를 담고 있다. 이는 오늘날 한국 기업이 어떻게 세계 시장에서 자리를 잡게 되었는지를 보여 주는 중요한 산업문화콘텐츠이다.

경주 최부자댁은 한국의 전통적 가치와 부의 윤리를 대표하는 역사문화콘텐츠이다. 최부잣집의 이야기에는 유교적 전통, 부의 철학, 그리고 사회적 책임이라는 중요한 주제들이 내포되어 있으며, 이는 현대 사회에서도 여전히 유효한 교훈을 제공한다. 최부잣집의 사례는 부와 명예가 단순히 개인의 이익만을 위한 것이 아닌, 사회와의 공존을 위한 공공재적 성격도 있다는 것을 강조한다.

포항의 산업문화콘텐츠와 경주의 역사문화콘텐츠는 우리나라의 경제 발전과 정신문화 융성의 미래적 방향성을 제시한다. 포항제철소 1고로가 한국의 경제적 부흥을 일구었다면, 최부자 가문은 부자의 사회적 책임과 윤리적 기준을 제시했다. 이러한 두 문화콘텐츠는 각각의 성격은 다르지만, 한국 사회의 발전 과정에서 매우 중요한 역할을 해 왔다. 산업화와 정신문화가 교차하는 지점에서 우리는 대한민국이 걸어온 길을 성찰하고 앞으로 나아가야 할 길을 모색할 수 있다.

포항제철소 1고로와 경주 최부자댁은 글로컬 문화콘텐츠 스토리텔링으로서 지역과 세계의 연결고리를 만들어 줄 수 있다. 이 두 문화콘텐츠는 경상북도가 문화콘텐츠 산업의 중심지로 부상하는 데 크게 기여할 수 있다. 포항과 경주에서 찾아낸 이야기는 특정 지역에 국한된 것이 아니라, 우리나라 본연의 정체성을 담고 있다. 이는 글로컬 시대에 지역의 정체성과 유산을 왜 지켜야 하며, 또 어떻게 발전시켜야 하는지를 깨닫게 해 준다. 이러한 성찰적 인식을 통해 대한민국의 문화콘텐츠 산업은 세계로 비상할 수 있다.

글로컬 문화콘텐츠를 발굴하기 위해서는 지역 고유의 문화적 자산을 현대적이면서 보편적인 맥락에서 재해석하는 노력이 필요하다. 최부자 가문의 노블레스 오블리주 정신과 포항제철소 1고로의 산업 신화는 새로운 관점에서 발전적으로 재해석되어야 한다. 이를 위해서 현대 사회의 요구에 맞춘 디지털 콘텐츠화와 세계화 전략이 필요하다. 특히 디지털 시대에 걸맞은 스토리텔링은 다양한 미디어 플랫폼을 통해 지역과 세계를 연결할 수 있다.

인문학적 철학과 가치가 반영된 스토리텔링은 대한민국의 문화콘텐츠를 더욱 빛나게 해 줄 수 있다. 최부잣집의 노블레스 오블리주는 오늘날 사회적 기업이나 CSR(기업의 사회적 책임)과 같은 현대적 개념과 연결되며, 포항제철소 1고로는 지속 가능한 발전과 환경보호라는 주제로 확장될 수 있다. 이처럼 역사의 자산을 인문학적 관점으로 디자인하는 스토리텔링은 지역의 문화콘텐츠가 세계적으로 공감을 얻을 수 있는 중요한 방법론이 된다.

경상북도 지역의 스토리텔링 하이웨이 구축은 문화콘텐츠 산업의 발전을 촉진하는 중요한 계기가 될 수 있다. 경북은 한국의 전통적 역사와 현대적 산업이 공존하는 독특한 지역으로, 이곳에서 생산되는 스토리는 우리나라뿐만 아니라 글로벌 시장에서도 충분한 경쟁력을 가질 수 있다. 포항 1고로와 경주 최부자댁, 그리고 안동의 임청각과 청송의 주왕산을 연결하는 경상북도 스토리텔링 하이웨이는 대한민국의 과거와 미래, 안과 밖을 유기적으로 연결시켜 주는 역할을 한다.

본서에서 중점적으로 기술한 포항과 경주의 사례는 한국

사회의 건강한 발전을 위해서 중요한 시사점을 제공한다. 포항의 산업문화콘텐츠인 포항제철소 제1고로는 기업과 산업의 지속 가능한 발전에 대한 논의로 확장될 수 있으며, 경주 최부자댁은 전통 윤리와 부의 사회적 책임에 대한 현대적 적용을 통해 선진국으로 발돋움한 우리나라의 미래적 방향을 제시한다. 글로컬 문화콘텐츠 스토리텔링은 세계의 중심으로 향하는 새로운 입구로 대한민국을 안내할 것이다.

새로운 대한민국은 과거의 자산을 미래적 가치와 결합하여 전 세계와 소통하는 글로컬 문화의 선두주자로 도약해야 한다. 포항의 산업문화콘텐츠와 경주의 역사문화콘텐츠가 보여 주는 전통과 현대의 조화는 대한민국이 어떻게 지역과 세계, 과거와 미래를 연결하여 지속 가능한 발전을 이루어야 하는지를 잘 나타내 준다. 이 책에서 제시한 경상북도 포항과 경주의 문화콘텐츠 스토리텔링이 새로운 대한민국으로 나아가는 정신적·문화적 힘이 되기를 바란다.

참고문헌

강석균, 『이번엔! 경주』, 넥서스, 2013.

권오은, 「'한국 첫 용광로' 포스코 포항 1고로, 48년 만에 역사 속으로」, 『조선일보』, 2021. 12. 29.

김기흥, 「괴물로 변신한 힌남노가 덮친 포스코」, 박상준 외, 『함께 만든 기적, 꺼지지 않는 불꽃』, ㈜나남, 2023.

김민지, 「"한글, 가장 과학적인 문자 … 국격 높이는 일"」, 『농민신문』, 2019. 8. 5.

노승욱, 「민관군 어벤져스, 아이언맨을 구하다」, 박상준 외, 『함께 만든 기적, 꺼지지 않는 불꽃』, ㈜나남, 2023.

서갑경, 윤동진 옮김, 『철강왕 박태준 경영이야기』, ㈜한언, 2014.

서명숙·노승욱 외 22인, 『포항의 길』, 글누림, 2021.

손대성, 「불꺼진 포항제철소 1고로 어떻게 활용할까 … 2년여째 고민」, 『연합뉴스』, 2024. 2. 11.

손종흠, 『지역문화와 문예콘텐츠』, 에피스테메, 2018.

송호근, 『혁신의 용광로 - 벅찬 미래를 달구는 포스코 스토리』, ㈜나남, 2019.

_____, 「포스코, 135일의 시련, 135일의 기적」, 박상준 외, 『함께 만든 기적, 꺼지지 않는 불꽃』, ㈜나남, 2023.

심현정,　『3백 년을 이어온 최고의 명가 경주 최 부잣집 이야기』, 느낌이있는책, 2018.

예종석,　『노블레스 오블리주 – 세상을 비추는 기부의 역사』, ㈜살림출판사, 2019.

오정민,　「지난해 1인당 국민소득 3만1000불 상회」, 『한국경제』, 2019. 1. 22.

유승혜,　『쉼표, 경주』, ㈜출판사 클, 2019.

윤현종,　「'鐵魚'로 35억 명 '빈혈 퇴치 혁명'」, 『헤럴드경제』, 2016. 2. 19.

이대환,　『박태준』, 도서출판 아이케이, 2021.

이정남,　「글로벌 시대의 로컬리티 인문학」, 부산대학교 한국민족문화연구소 편, 『로
　　　　컬리티, 인문학의 새로운 지평』, 혜안, 2009.

이창남,　「글로벌 시대의 로컬리티 인문학 – 개념과 과제를 중심으로」, 『로컬리티 인문
　　　　학』 창간호, 2009.

李 赫,　「慶州 校洞 崔氏 家門 硏究 – 소장 자료를 중심으로」, 경북대학교대학원 박사
　　　　학위논문, 2023.

임현철,　「[기고] 울산·포항·경주, 해오름동맹」, 『경상일보』, 2024. 7. 9.

전진문,　『경주 최 부잣집 300년 富의 비밀』, ㈜황금가지, 2004.

정경일·류철호, 『지역문화와 문화콘텐츠』, 글누림, 2017.

정한호,　「우리나라 경제국보」, 『청도신문』, 2011. 5. 26.

정혜경,　「지역문화콘텐츠 정책과 방향」, 홍순석·김호연·변민주·송미경·신호림·이기
　　　　대·이승은·임수경·장예준·정제호·정혜경·최 영, 『지역문화와 콘텐츠』, 한국
　　　　문화사, 2019.

제프 말파스(Jeff Malpas), 김지혜 옮김, 『장소와 경험』, 에코리브르, 2014.

차완용,　「현실이 된 '한국판 러스트 벨트'… "동·서남권이 흔들린다"」, 『한경비지니
　　　　스』, 2018. 10. 23.

포스코 35년사 편찬위원회, 『포스코 35년사』, 삼성문화인쇄㈜, 2004.

하인식, 「경제로 뭉치는 울산·포항·경주 ··· '해오름산업벨트' 지원법 발의」, 『한국경제』, 2024. 9. 19.

한국문화유산답사회 엮음, 『답사여행의 길잡이 2 경주』, 돌베개, 1994.

한국정신문화연구원, 『한국인물대사전』, 중앙M&B, 1999.

황유정·오상희, 「경주 최부잣집의 ESG 경영 사례연구」, 『商業敎育硏究』 제37권 제3호, 2023. 6.

황혜진, 『경주 최부잣집은 어떻게 베풀었을까?』, 보물창고, 2015.

포스텍 융합문명연구원
문명과 담론 총서 03

문화콘텐츠로 묻고 스토리텔링으로 답하다
경상북도 인문학 답사기 - 포항·경주 편

발행일	2025년 1월 27일 1판 1쇄
지은이	노승욱
펴낸이	김일수
펴낸곳	파이돈
출판등록	제349-99-01330호
주 소	03035 서울시 종로구 자하문로17길 12-10 2층
전자우편	phaidonbook@gmail.com
전 화	070-8983-7652
팩 스	0504-053-5433
ISBN	979-11-991047-0-9 (03300)

ⓒ 노승욱, 2025
책값은 뒤표지에 있습니다.

본 저서는 2024년도 포스텍 융합문명연구원의 지원을 받아 제작되었음.
This book published here was supported by the POSTECH Research Institute for
Convergence Civilization (RICC) in 2024.